U0070391

奇蹟課程釋義

學員練習手冊 行旅

Journey through the Workbook of A Course in Miracles

第六冊（134～150課）

肯尼斯・霍布尼克博士（Kenneth Wapnick, Ph.D.）◎著

若　水◎譯

奇蹟課程基金會授權出版

目　次

第一百三十四課

願我看清寬恕的真相

　　我在講述〈正文行旅〉時，經常提醒讀者留意〈正文〉的交響樂結構，耶穌往往先提出某一觀念，不久再重申其意，循序發展成一個完整的救恩主題。〈練習手冊〉也出現類似的風格。雖然它的形式和〈正文〉截然不同，但只要一課一課讀下去，便不難領會同樣的交響樂結構：先推出某一主題，加以解說之後暫且擱置，等到適當時機再回到這個主題，不斷發展延伸，迴旋交盪，推向另一高峰。接下來的三課所呈現的正是這種交響樂結構，它們重拾第六十八至第七十二課的主題——小我的救恩計畫，其實就是〈正文〉所說的小我寬恕計畫：切莫放下怨尤。

　　在進入本課之前，讓我們重溫一遍小我精心設計的救恩計畫：它先幫我們把心內隱藏的有罪之念弄假成真，令我們相信自己罪孽深重，然後嚇唬我們，若敢正視這一恐怖事實，必會

痛不欲生。簡言之，罪生咎，咎生罰。小我把罪變成一種痛苦的生存「現實」後，進一步警告我們：「只要活在心靈一天，就得承受罪咎的折磨，惹發上主的義怒，祂必會痛下殺手，索回我們由祂那兒盜取的生命。」小我接著為我們出了一個主意，若想擺脫罪咎，唯一的方法就是否認自己有罪，並將它投射到心外，從此，我們就只會在外在形體看到那些罪的蹤影了。對小我來講，不論是別人或自己的身體，並沒有差別，只要不在自己心內就好了；但對《奇蹟課程》而言，這無異於攻擊。順帶一提，當這個罪投射於自己身上時，這種攻擊形式就構成了疾病，由此帶出了第一百三十六課的主題「*生病乃是抵制真相的防衛措施*」（W-136）。

　　本課一開始先切入小我的計畫——如何假借他人而把罪弄假成真。各位大概還記得，耶穌在〈頌禱〉一文把這種狀似合情合理的攻擊稱之為「**毀滅性的寬恕**」（S-2.II）。

(1) 讓我們一起來複習一下「寬恕」的真諦，因它極易被人曲解為：硬被壓制下去的正義怒火、不合情理也毫不值得的施捨、對真相的全面否定。由此觀之，寬恕必然成了反常而愚蠢之舉，而本課程豈會把救恩建築在這種婦人之仁的基礎上？

　　既然我們已經相信自己當初為了存在而不惜犧牲上主，我們就先從這可悲的罪咎說起。我在前面解釋過，真正令我們感到罪孽深重的，不是因為謀殺上主和釘死聖子，而是那充滿自我的私心。它愈演愈烈，最後終於說出：「我不惜任何代價，

也要滿全自己對特殊性和個體價值的渴望，即使我得摧毀另一人或更多人也在所不惜。只要能夠保全特殊的我，即使失去真愛，也是值得的。」

　　這就是我們一心想要否認因而投射給別人的罪，從此我們舉目所及的一切，處處見證了自己的無辜、他人該受天譴。這是我們在特殊關係中經常會有的看法：「我對你生氣是情有可原的，因你本來就應受懲罰。」為了進一步顯示我的高尚和展現我的清白，我披上了靈性的外衣，對你說：「儘管你有罪，因著我的仁慈善良，我寬恕你。」換句話說，為了更高的靈性目標，我甘願犧牲自己的憤怒，這正是**毀滅性的寬恕**。它等於說：「縱然你罪孽深重不配得到寬恕，但我還是寬恕你。」然而，那根本不是寬恕，而是定罪。耶穌曾這麼描述：

> 你若認為這寬恕是對方不配得到的禮物，只會加深你那有待「寬恕」的罪咎。不合理的寬恕其實是一種攻擊行為。世界所給的盡是這種寬恕。它有時會原諒「罪人」，卻念念不忘他們的罪行，也因此他們其實不配得到世界的寬恕的。
>
> 世界就是利用這種假寬恕使罪的意識更加鮮活。（T-30.VI.3:4~4:1）

　　耶穌在〈頌禱〉中也曾表達過同一觀點，但語氣顯得更為強烈：

在上天所賜的禮物中，沒有一樣比寬恕受到更大的誤解了。它幾乎淪為一種懲罰，原以祝福為初衷的寬恕竟轉為一種詛咒，它冒充上主的神聖平安，無情地嘲弄了天恩。……起步之初，寬恕的慈悲本質必然曖昧不明，因他還不了解救恩的真諦，發心不誠，用心不堅。一旦偏離了寬恕的目標，療癒的初衷就會轉為傷人的武器。於是，罪咎開始冒充救恩，真正的解救方案反而顯得像是一種可怕又「另類」的人生選擇。（S-2.I.1:1~2,4~6）

若想了解真寬恕，就不能不先看透小我是怎麼扭曲它的，為此，本課開門見山從小我的寬恕說起。第二段才推出耶穌的寬恕，教我們如何用聖靈的祝福取代小我的詛咒。

(2:1~3) 並不難修正這類曲解的寬恕觀念，只要你能接受一個事實：凡是真實的，不需要你的原諒。只有不真實的，才需要原諒。原諒只有在幻相世界才有意義。

《奇蹟課程》偶爾會用「原諒」（pardon）一詞，它和**寬恕**是同義詞，只因遷就句中的音韻節拍而交替使用。**原諒**是兩個音節，**寬恕**則有三個音節，內涵完全一樣。

什麼是**毀滅性的寬恕**？就是我先認定你有罪再寬恕你。我怎麼知道你是罪人呢？因為我知道自己有罪。我冥冥中還記得自己這個特殊生命是犧牲了上主才奪取來的，因為個體生命和

一體生命是無法並存的，故我必然有罪。既然唯有毀滅上主才
能活成眼前的自己，那麼，當我重申自己的存在時，同時便否
定了一體生命。總之，當我與這個有身體、有個性的世間之我
認同時，不僅強調了自己的個體性，還意味著我是一個罪人，
我的罪和我的血肉之軀也一樣昭然若揭。

　　就這樣，等到我認定自己有罪之後，小我就開始為我出謀
獻策了。它教我使出投射的本領來消除罪惡感，如此便能顯示
出罪不在我而在別人身上。這是小我深信不疑的真理，絲毫
不容分說；本課卻明言：「我們無法寬恕一個自己認為已經發
生的罪行。」這類說法在整部課程屢見不鮮（T-27.II.1~5;T-30.
VI.1~4）。也就是說，我們看到的罪其實僅僅是一個錯誤的想
法或知見，因誤選了分裂之念而造成的結果罷了。那個錯誤選
擇一經修正，所有的後果便一併寬恕了。順便提醒一下，本段
課文純粹是針對我們心中認定自己應受譴責的那個錯誤而已。
究竟說來，世上每個人所做的每一件事無一不是出自妄念思想
體系，連吸一口氣都是出於最原始的分裂欲望。耶穌當然不希
望我們為呼吸而內疚，他只要我們好好正視「因為自知有罪卻
轉身定罪他人」這個錯誤就好了。

　　罪若真的只是一個幻相，表示它不會產生任何後遺症。反
之，我若認定別人傷害了我，我的受害必然反襯出他們的冷血
無情。這等於告訴對方：「你的罪已影響到我，故它一定是真
的。」如此一來，還可能真正寬恕嗎？看，小我又戰勝了一

局。耶穌透過「疾病」的形式來揭露小我居心叵測的攻擊伎
倆，說到底，還是為了證明別人不僅有罪，而且罪不可赦：

> 生病與受苦的你所代表的則是弟兄的罪咎；你送出這
> 類見證不過是在提醒他，勿忘他對你的傷害，你也絕
> 不會輕易讓他脫罪的。只要這幅畫像能達到懲罰他
> 的效果，你寧願接受自己病懨懨的模樣。病患對身邊
> 每一個人都是無情的，他們隱藏的害人企圖具有感染
> 力。病人好似在說：「看看我吧，弟兄！我是死在你
> 手中的。」弟兄於是變得死有餘辜。病人之病成了對
> 方最大的罪證，而死亡更證明了對方所犯的不是錯
> 誤，而是罪過。……你出示給弟兄的那張蒼白悲苦的
> 畫像，連自己看了都感到難過。你必然也相信自己呈
> 現出來的模樣，因為它證實了你一心想在弟兄身上看
> 到的罪咎。（T-27.I.4:3~7,10~11）

(2:4) 然而，真理屬於上主的造化，原諒在此變得毫無意義。

　　原因是，你原諒的只是一個虛幻的錯誤；而天堂內是沒有
錯誤的。愛無需寬恕，只待你的接納，因為當初你拒絕愛時已
經被小我定了罪。不論你拒絕的是愛，或耶穌，或任何一位弟
兄，你的小我一定會跳出來說：「你有罪！」令你內疚不已，
逼得你不能不斷然否認此罪而投射到別人身上去，攻擊便這樣
迴圈下去了。其實，拒絕愛稱不上是一種罪過，充其量只是我
們害怕失去個體性和特殊性而生的瘋狂反應而已。那個錯誤只

需修正一下即可，千萬別把它看成一個有待懲罰的罪。

(2:5~7) **一切真理都屬於祂，反映祂的天律，散發聖愛的光輝。這一境界豈需要任何原諒？你怎麼可能寬恕清白無罪及永恆美善之物？**

上主的天律反映於世間的，便是寬恕。寬恕的決定意味著我們已看出那些錯誤的虛幻，寬恕一下便沒事了。上主或基督無需我們寬恕，始終活在實相中的弟兄也不需要，我們最多只能寬恕自己在夢中投射到他人身上的罪。總之，需要寬恕的不是別人而是自己，只因我們誤把錯誤當成了罪。耶穌在此邀請我們透過他的慧眼去看，便會看到自己的錯誤對於清白無罪和永恆美善的聖子產生不了任何影響：

> 上主之子必然完美無瑕，否則他就不是上主之子。你若還認為他不配由罪咎形形色色的種種後遺症解脫，你是不可能知道他的真相的。你若想知道自己的真相，就不能不懷著這一心態去看他：

> 天父，感謝祢所賜的完美聖子，使我得以由他偉大的榮耀中看見自己的榮耀。這句話等於喜悅地重申了「邪惡無法克勝上主旨意」的信念，同時也慶幸你的夢想並沒有讓罪咎把幻相弄假成真。這句話可說一語道盡了真理的本質。（T-30.VI.9）

(3:1) **你發覺自己最難真心寬恕的原因，是你仍然認定需要你**

寬恕的是真相，而非幻相。

　　換句話說，我寬恕的是你並沒有做的事情。請記住，我們指的不是行為層次，而是我心內對你的作為所下的詮釋而已。《奇蹟課程》反覆提醒我們，知見不可能客觀中立，我的眼光若非透過耶穌，就是透過小我。倘若透過小我，必會攻擊，因那是小我的本能；如果透過耶穌，我便能看清自己攻擊的其實是內心不敢面對的陰影。內在的陰影和我投射在你身上的倒影同樣虛幻；必然如此，因為「觀念離不開它的源頭」。你的罪就是我的罪，我的罪也是你的罪，因此，所謂寬恕也都不過是寬恕一種錯覺幻想罷了，這些幻相背後始終隱藏著上主之子的永恆真相。

　　但不要忘了，偶像一直企圖隱瞞你的真相，它雖隱瞞

　　不了天心，卻瞞得住你的心靈。（T-30.III.11:8）

(3:2) 你心目中的原諒，只是要你漠視眼前事實的徒勞之舉，存心罔顧真相；這種把幻相當真且違反常情之舉，只是自欺而已。

　　請留意，耶穌不是要我們否認肉眼所見的現實世界。人類在歷史上不知做出多少令人難以想像的惡行，因為活在世上，本身就是一件「難以想像」的事。故只要記住，耶穌所說的都是針對我們的詮釋，而小我的詮釋在我們心中成了顛撲不破的真理。只需看看人們所幹的好事，就不難相信人性本惡，而受

傷的自己則是別人罪惡昭彰的鐵證。故需要改變的只有**這個**詮釋，而不是眼中所見的事件。這又將我們領回問題的核心：我們究竟想要聽從哪一位老師，接受哪一種人生觀？

(3:3) 這種曲解的觀點又反映了一個事實：當你面對自己時，心裡一定仍有根深柢固的罪的觀念。

　　你面對的這個「自己」，當然不是我們這具血肉之身或人格特質，耶穌指的是抉擇者心中深信不疑的那個「自己」——我是個可憐的罪人，犯下毀滅天堂以及釘死基督的重罪，必會受到上天的懲罰。小我為了解除這不堪負荷的心理負擔，才教我們把罪轉嫁給身邊的人。〈練習手冊〉曾說：「〔具體的〕形相世界就是為此目的而造出來的。」（W-161.3:1）我們打造一個具體的世界，塞進一堆人物，就是用來充當代罪羔羊，我們的罪就是這樣跑到他們身上去的。其實不論我們在外看到什麼，都不過反映出我們內心早已當真卻不敢面對的陰影而已。

(4:1) 由於你認定自己真的有罪，才會把原諒他人視為一種欺騙。

　　於是，寬恕別人成了小我否定自己罪孽的妙招：「你雖然罪惡昭彰，但我決定放你一馬，這充分顯示出我高超神聖的靈修境界：你對我（或任何人）如此惡劣，我還能寬恕你甚至愛你。」其實，我們冥冥中等著別人虐待我、否定我、背叛我，那樣我才能擺出一副高人一等的姿態，跳脫自慚形穢的深淵，

由上俯視那些罪人說：「我願以耶穌的愛寬恕你這可憐蟲。」表面看來我好像在寬恕你，骨子裡我早已將你釘上了十字架。

(4:2~3) 你不可能一邊把罪惡當真，一邊相信寬恕不是一種謊言。於是，寬恕反而成了一種罪，和其他的罪沒有兩樣。

　　這種寬恕純屬另類攻擊手法，外表看起來充滿愛心，其實虛有其表。為此，「**毀滅性的寬恕**」這一名詞雖然難聽，卻一針見血地揭露了小我的陰謀：「上主必會毀滅**你**的，因你是盜取祂生命的罪人；你被打入地獄後，我才能升上天堂。」我們再引用一次耶穌的描寫，他毫不留情地拆穿我們控訴他人時隱藏的動機：

> 你在他眼前懸掛了一幅自己被釘在十字架的畫像，讓他親眼目睹，你已用鮮血和死亡將他的罪狀刻印在天上了；你走在他前面，隨手關起天堂的門，把他打入地獄。然而，這血債只可能記在地獄的帳冊，而非天堂；因在天堂，你不僅僅永遠凜然不可侵犯，且是他純潔無罪的最佳明證。（T-27.I.3:2~3）

(4:4~6) 它〔毀滅性的寬恕〕好似在說：真理是虛妄的，它把敗壞之物視如青草一般無瑕、雪花一般潔白地笑臉相迎。它自恃能夠完成的目標，純屬一種妄想。明明是錯誤的，它硬看成對的；明明是令人不恥的，在它眼中卻成了善。

　　「毀滅性寬恕」還可能化身為「天真無邪」的模樣，把世

界看成一片光明，充滿了好人好事，完美無比。當然，這類天真無邪的人並不否認每個人偶爾也會犯錯，但總的來講，人間處處有溫情，而且充滿靈性，雖然我們對造物主的計畫一無所知，但祂的愛無所不在，奇蹟也無所不在。事實上，人間一點都不美好，完美只存在天堂裡。想一想，認定自己毀了天堂而被放逐異鄉，且慨歎回家無門的人，怎麼可能感到自己的處境光明而美妙？就算我們歷盡千辛萬苦探出回家的路，天堂也一定大門深鎖，甚至杳無蹤影。

　　難怪，耶穌在本段課文又再揭發了小我為了保住罪的信念而想出的另一種花招，它會為罪的陰魂塗上快樂且無辜的一張臉：「即使有人犯下天理難容的罪行，我都能視若無睹；連整個世界都可以視而不見。」耶穌卻不希望我們如此，他要我們面對現實：「世界是為了攻擊上主而形成的。」（W-PII.三.2:1）攻擊**乃是**世界的本能或天性，因**觀念離不開它的源頭**，分裂及攻擊那一套思想體系始終存於心靈內，不論它投射成什麼東西，世界永遠離不開心靈的攻擊之念，它必然會配合小我演出的。為此，恐懼、仇恨和攻擊成了世界的現實寫照，而愛、平安和永生才是天堂的真相。一幻一真，沒有灰色地帶。我們在世上所能做的，最多只是化解我們對世界的信念。能做到這一點已經難能可貴了，而這正是寬恕的最終目的。

(5:1~2) **根據上述的觀點，原諒他人稱不上一種出路。反而更凸顯出罪是不可寬恕的，最多只能加以掩飾，予以否定或是**

將它改頭換面，因為原諒他人其實違背了真相。

看，這段話正是在說我們呢！先把罪弄假成真，再試圖忽視它或否認它的存在（無論是自己或別人的罪，還是整個世界的罪，都毫無差別）。然而，罪一出現於妄心，依據「**觀念離不開它的源頭**」的道理，它投射的物質宇宙必然也成了罪的窩巢以及攻擊的大本營。說到底，所謂的罪，不過是小我的立場聲明罷了：「我既然存在，表示上主被我毀滅了；若要滿全我的個體性和特殊性的私心，我不能不犧牲別人。」

由此可見，深藏人心的罪惡之念乃是推動世界的動力。《奇蹟課程》要我們退後一步，用耶穌的慧眼去**看清**這一切。只有這樣，我們才能放心地一笑，告訴自己，這只是無聊的幻覺，毫不真實；原來寬恕不過是幫我化解那些不曾真正發生的事。但問題是，我們若不覺察內心對罪根深柢固的信念，哪有可能化解自己冥冥中信以為真的事。別忘了，當我與這一具身體認同時，便已經把罪弄假成真了，若意識不到隱藏的內幕，罪便會變得愈來愈真實，寬恕反倒成了有違現實的愚人之舉。

(5:3~4) **而內疚是寬恕不了的。只要你犯了罪，你的內疚便存留到永遠。**

一旦把罪當真，咎便勢所不免。由此可知，只要我們還執著於個人的獨立自主性，就不可能不害怕天譴，並且深知任誰都寬恕不了自己的罪。

(5:5) 你若視對方真的有罪而寬恕他，那麼，被寬恕者實在被愚弄得很可憐，他被定了兩次罪：先是被自以為犯了罪的自己定罪，又被那些原諒他們的人定罪。

　　言下之意，你若對不起我，應該感到內疚才對，這是第一層的定罪。我的痛苦證明了你有罪，你若也相信自己有罪，等於承認自己不配接受寬恕。第二層的定罪，是指我控訴你之後再寬恕你。比方說到監獄探望你，滿嘴都是「你是上主的愛子」之類的話。看到我如此忍辱含冤、屈尊就卑地寬恕你這可憐的罪人，你若還有一點點天良，一定更加無地自容才對。不消說，這種寬恕是斷然不可能有愛的。正如〈頌禱〉所言：

> ……「比較優秀」的人屈尊就卑地把「比較差勁」的人由困境中拯救出來。這種寬恕具有高高在上的貴族架勢，舉手投足之間流露出來的驕傲心態，絕不可與愛同日而語。誰能一邊寬恕又一邊藐視人？誰能一邊告訴那人他罪孽深重，一邊還把他看成上主之子？誰能一邊把人視為奴隸，一邊又教他自由的意義？這種寬恕沒有合一，只有悲哀與怨恨。這不是真正的慈悲。它與死亡無異。（S-2.II.2:1~8）

　　接著，耶穌回到了真寬恕的主題：

(6) 唯有看出罪本身的不真實，寬恕才會成了極其自然而且合情合理之事；寬恕的人會感到如釋重負，被寬恕者則受到無聲

的祝福。寬恕不會為那些幻相撐腰，它只是若無其事地把它們聚集在一起，輕輕地一笑而置於真相的腳下。幻相便會當下消失了蹤影。

　　只要細讀這一段，不難看出耶穌規勸我們「不要故作天真無邪狀」。他告訴我們，不要否定罪的存在，而應好好正視。他還建議我們收集一下有罪的假相，再輕輕放在「真相的腳下」。這段話再次重申了「把黑暗的幻相帶入光明實相」的原則。我們得先把罪的幻相交託給耶穌，才能「與弟兄和祂一起笑著走出那神聖的一刻」而重歸一體（T-27.VIII.9:8）。

　　本段課文強烈暗示我們要按部就班，不要跳過步驟。「把幻相帶入真相」意味著勇敢正視這些幻相，而不是把那些妄念隨手打包、輕率丟給耶穌，自己卻溜之大吉。相反的，耶穌要我們嚴肅面對心內隱藏的怨恨、判斷和自私之念。之前引用過的一段〈正文〉和本段課文可謂相映成趣，容我再引用一次：

> 你也許會奇怪：正視自己的瞋心，且明白它的全面影響何以如此重要？你也可能會想：何不請聖靈直接指出你的瞋心，不待你本人覺察，就自動為你驅除，不是更省事嗎？（T-13.III.1:1~2）

　　但別忘了，我們得先盡自己這一部分的責任，耶穌才能進行他那一部分的工作。當我們能夠自我負責時，今天這一課才會顯得別具意義。寬恕的過程也好似水到渠成，只需與耶穌相

視一笑，便足以提升到世界之上，直達上主的天心。

(7:1~2) 在幻相世界裡，寬恕是唯一能夠代表真相之物。它能看出幻相的虛無，一眼識破千變萬化的虛幻表相。

　　只要透過耶穌的慧眼，便不難看穿罪的假相而認出背後的真相。耶穌不要我們假裝幻相不存在，而應與他一起正視自己虛幻的批判，進而看到它背後的真相。換句話說，我們並不否認自己或別人的所作所為，只需記得換個老師，改變自己對那些表現所作的詮釋即可。於是先前硬如花崗岩的罪之信念，當下化為一縷輕紗，再也遮蔽不了背後射來的光明；真相立即現前且昭然若揭。切莫忘記：判斷的眼光沒有穿透的力量，只有寬恕的慧眼才揭開得了這一面紗：

> 慧見和判斷之間，你只能任選其一，而無法同時擁有
> 兩者。（T-20.V.4:7）

　　簡言之，我們必須先正視自己的判斷和罪的信念，才會意識到它們並非我們想像的那樣。即使外表有大小輕重之分，一受到寬恕的光明照耀，全都消失於原本的虛無中了。

(7:3) 它正視謊言，卻不受其欺騙。

　　寬恕和奇蹟依舊看得見人間苦難和毀滅的假相，只不過不再受騙罷了，它知道那僅僅是小我的一場騙局而已。

　　奇蹟只代表一種修正。它既不創造，也改變不了任何

事情。它只是一邊面對人生慘境，一邊提醒人心：它所看到的景象全都虛妄不實。（W-PII.十三.1:1~3）

這意味著，不論我對自己或對你提出什麼控訴，都影響不到我們的同一自性，它和基督永遠活在上主的一體聖愛內。然而，除非我能在分裂的世上意識到你我的同一本質，否則我不可能意識到自性的一體真相的。畢竟，我們全都陷於分裂及攻擊的瘋狂體系內，也都享有那清明的修正所帶來的寬恕與奇蹟。以前那位老師一直在矇騙我們，如今來了一位正牌老師，教我們看清了真理的倒影。

(7:4~5) 它不會聽信那些被內疚沖昏了頭的罪人自我控訴的哀鳴。它只會靜靜地看著他們，這樣說：「我的弟兄，你認為的那些事情，都不是真的。」

「我的弟兄，你認為的那些事情，都不是真的。」這一說法在〈正文〉、〈練習手冊〉和〈教師指南〉中屢見不鮮，只是說法稍有不同而已。我舉兩個例子：

上主之子，你並沒有犯罪，你只是犯了不少的錯誤。（T-10.V.6:1）

你只是誤把自己的詮釋當成真相而已。你錯了。但是錯誤並非罪惡，你的錯誤也篡奪不了真理實相的寶座。（M-18.3:7~9）

　　話說回來，如果我們根本不清楚內在自以為是的想法，耶穌這番提醒便等於白說了。因此我才不厭其煩地叮嚀大家，我們需要覺察自己暗中相信的那一套：「自己真的犯下分裂之罪，我的存在就是最好的證明；若要否定自己的罪，我得設法證明有罪的是你。」難怪，我寧受地獄之苦，也要證明身邊每一個人都是罪人，批判他們也成了天經地義的事。我們就這樣不斷磨利自己的眼力，在別人身上搜尋有罪的證據，以便理直氣壯地發動攻擊：

> 恐懼的使者接受的是恐怖訓練，當它們受主人徵召時，常常戰慄不已。即使對自己的盟友，恐懼照樣手下不留情。那些使者滿懷罪咎地溜出去，饑渴地搜尋罪咎；因它們的主人是以挨餓受凍的方式磨出它們的凶性，只准食用它們帶回給主人之物。沒有一絲罪咎能逃過它們饑渴的目光。它們無情地四處搜尋罪的蹤跡，一看到有情生命便直撲上去，不顧獵物的哀號，拖回給主人大快朵頤。（T-19.IV. 一 .12:3~7）

　　只消好好審視一下內心，便不難看到恐懼派出的兇狠餓犬，也會憶起耶穌的話：「我的弟兄，你對自己和他人的看法，都不是真的。」

(8:1) 原諒的力量出自它的誠實，因著它的真實無偽，故能視幻相為幻，而不至於指鹿為馬，以幻為真。

　　寬恕最需要的就是誠實面對小我的真相。罪惡和怨恨是小我的本質，我們自然相信那也是自己的寫照。寬恕要求的「誠實」，便是越過我們自以為是的真相而看到真正的真相。幻相必然虛幻，全都是**我自己**想像出來的。可還記得我常引用的這一句話：

> 救恩的秘訣即在於此：你所做的一切全都是對你自己
> 做的。（T-27.VIII.10:1）

(8:2~5) 正因如此，它才能面對謊言而不受蒙蔽，負起那單純真理的偉大復興力量。由於它能夠視而不見根本不存在之物，故能一掃內疚的夢魘，打開真理的道路。如今你能自由地踏上真寬恕為你開啟的路了。只要有一位弟兄接受了你的這份禮物，大門就為你開啟了。

　　這就是為什麼《奇蹟課程》這麼著墨於特殊關係。若能借助於耶穌，以不同的眼光去看待弟兄，表示我們已經準備好以不同的眼光看待自己了。請記住，除非我們能承認自己暗中相信的那一套，否則我們怎麼可能視而不見自己都不知道的東西？若能**視而不見**弟兄的罪過，必能越過自己的罪過，因為你我不只相同，而且還是同一生命。寬恕就這樣成了一把金鑰，開啟了直通天堂的真實世界之門。

　　接下來的一段，耶穌開始具體指點我們應以何種心態來應世度日。

(9) 有一種極簡單的方法幫你找到真寬恕之門，而且看到它正向你伸出歡迎之手。當你感到自己想要責怪別人某種罪行時，不要讓自己的心念停留在你認為他所做的事情上，因為那只是自我欺騙而已。不妨反問自己一下：「我會為這種事情而定自己的罪嗎？」

「定**自己**的罪」，指的並非我心目中的自己，而是我在定心靈之罪，因為它始終相信罪的存在。我們必須了解，我若指責你，不論大小輕重，自己都得付出極大的代價，這一點非常重要。因為我等於在控訴自己同一罪名。結果，被定罪的是我而不是你。這也顯示了罪咎之念從未離開過我的心靈這個源頭，不僅如此，為了擺脫罪的枷鎖，我把你拉進了我的夢中。如今，在耶穌的指點下，我終於看清了指責他人無異於指責自己，先前的控訴反倒給了自己一個轉機；不僅僅把小我的陰謀化暗為明，還能反其道而行，把投射出去的罪收回到心內，將過去的批判轉為學習的教室。

至此，我們終於領會了這幾課的目的，是要幫我們看清小我的狡猾，竟能神不知鬼不覺地把罪鎖在我們心內。它為我們盜取一個特殊的個體生命，卻有本領歸咎於人，讓別人為我付出代價。就這樣，我不只擁有小我，還能享有小我的種種贈品，沒想到，最終付出慘重代價的卻是我自己。說白了，只有神智失常的人才會相信「我很高興接受這個罪人帶給我的痛苦」，而小我就有本事讓我們瘋狂到這種地步，心甘情願地演

出受害者的角色，承受百般痛苦甚至死亡，只為了說出這一句令人不寒而慄的話：

> 「看看我吧，弟兄！我是死在你手中的。」（T-27.
> I.4:6）

我們不僅要看清小我計畫的陰險邪惡，還要意識到它徹頭徹尾的瘋狂。它那一套根本解決不了問題，更不可能帶來任何幸福。然而，只要我們願意撤換老師，縱使面對的是一個充滿批判與怨恨的人際關係，仍可能轉變為愛的課堂。耶穌等著我們回心轉意，才能教我們「如何把攻擊看成愛的求助」（T-12. I.8:6~13）。這一渴求，其實存於我們每個人心中，而聖靈也在等著我們的邀請，才能前來相助。

(10:1) 如此，你就會看到另一種可能性，讓你作出更有意義的選擇，使你的心靈免於內疚與痛苦，這正是上主之所願，也是終極的真相。

「另一種可能性」，並非小我「**痛下殺手或坐以待斃**」的生存原則，也不是小我「**非此即彼**」（也就是「你有罪我便無罪；我要活你就得死」）那一套。人生唯一「有意義的選擇」只剩下「我究竟願意拜誰為師」這個決定。切莫輕忽了耶穌在此強調的「**心靈**」一詞，他再度提醒我們，問題不在我的身體，而在於我選擇的思想體系。罪咎也不存於你我的身體，而在心靈內，因為當初是我將它藏放在此處的。為此，既然是我

放的，我當然能夠改變這個決定，這也成了我徹底擺脫罪咎的唯一途徑。

(10:2~4) 只有謊言才能定人之罪。一切在真理內都是純潔無罪的。寬恕立於幻相與真相之間，在你眼前世界與那超越世界之間，也在內疚之地獄與天堂的大門之間。

　　寬恕能夠引領我們進入真實世界，它的門後就是天堂。寬恕雖屬於幻相的一部分，它卻佇立於小我幻境和上主真理之間。寬恕可說是最終的一個幻相，卻足以解除我們對所有其他幻相的信念。下面這段話，我曾引用過其中一部分，讓我們再讀一遍：

> 寬恕也許可以稱之為一齣喜劇，也可視為幫助不明真相者跨越知見與真理之間的溝距的橋樑。……寬恕也是一個象徵，它象徵著上主的旨意，故是無法分割的一體。正是它反映出來的一體性，彰顯了上主的旨意。它是唯一存在世界之內卻能直通天堂彼岸的橋樑。（C-3.2:1;5）

　　由此可知，寬恕成了真理的倒影，足以化解罪與分裂的謊言以及遭受天譴的幻覺。謊言一旦被拆穿，幻覺隨之消失，真相便會在真實世界的另一端向我們伸出歡迎之手。天堂之門欣然開啟，一體自性終於在心靈內緩緩甦醒了。

(11:1) 這座橋樑在愛的祝福下強而有力，所有邪惡、仇恨以及

挑釁的夢境，都會越過此橋，靜靜地向真理邁進。

「橋樑」在此代表寬恕，《課程》其他地方則常用橋樑來象徵聖靈或真實世界。耶穌使用象徵的手法相當靈活隨興，但內涵始終不變，它們全都代表從幻相轉變到真相的過渡階段。故這裡也可說成：寬恕為我們在小我幻境及真實世界之間架起了一座橋樑。

(11:2~4) 那些夢境再也無法虛張聲勢、叫囂恐嚇那些愚昧地把夢當真的夢中人了。他一旦了解自己眼前的一切其實並不存在，他就會由夢中緩緩甦醒過來。如今，他再也不會感到自己走投無路了。

至此，人生終於有了轉機，有了希望。小我原先的脫身計畫是隱藏自己的罪，繼而投射到別人身上，給自己一個解脫的幻覺。其實，真正的出路乃是解除心靈對罪的信念，因一切夢境皆由此而生；耶穌則用寬恕將我們從小我噩夢中輕輕喚醒。各位大概還記得這一段〈正文〉：

> 這夢如此的可怕，看起來又如此真實，你此刻若喚醒他，他一定會受到驚嚇，冷汗涔涔。你應在喚醒他之前將他領到比較溫柔的夢中，安撫一下他的心靈，他才可能心無畏懼地迎向愛的呼喚。他需要一個溫柔之夢，與弟兄重歸於好，如此才能療癒他的痛苦。上主願他安詳喜悅地甦醒過來，故給了他一條無需恐懼的覺醒途徑。（T-27.VII.13:4~5）

026 學員練習手冊 *行旅 6*

　　毋庸贅言，溫柔而喜悅的途徑就是寬恕，那是逃脫小我怨恨與恐懼之夢的唯一途徑，也是我們的唯一出路。

(12) 他用不著起身奮戰來拯救自己。他也不必逞能，充當屠龍英雄。他更不用築起銅牆鐵壁來保護自己的安全。他可以撤去自己打造出來的沉重而無用的盔甲，釋放困鎖於恐懼與痛苦中的心靈。從此，他可步履輕盈地大步向前，身後還不忘留下一顆明星，為後來者指引迷津。

　　這又是非常重要的一段解說。我們一向認為自己應該與罪抗爭到底，絕不姑息他人的敵意或世間種種的不公，更嚴禁所有放縱身體的惡習。很多宗教團體都告誡信徒，要向罪惡宣戰，不論是性欲、飲食或任何一種欲望；罪惡的焦點直指我們的身體而非心靈，不論是你的罪或我的罪，理所當然都應該好好清算。

　　我們之所以如此向罪宣戰，真正的動機是基於我們下意識地相信自己的心靈有罪：我為了存在曾大開殺戒，而且還會一路殺下去。但我搬出了看家本領，把謀殺之念投射於你，於是，有罪之我的自我形象搖身一變，成了有罪之你。難怪我會生出「幻聽」，聽到你會為了生存而犧牲我，那麼我奮起自衛豈不成了天經地義的事！這就是下一課所揭示的主題「自我防衛表示我受到了攻擊」（W-135）——我感到別無選擇，只好掛上無辜的面具，為自己的存活奮戰下去，而且還攻擊得理直氣壯。耶穌是這樣描繪的：

這副面容隨時會轉為憤怒，因世界如此險惡，純潔無罪的人在此無法獲得應有的愛與保障。因此，這張面容常因目睹世界對樂善好施者的不公而痛哭流涕。這副面容絕不會先下手攻擊他人。然而，每天不下百件瑣碎小事，一點一滴侵犯它的純潔無罪，最後它忍無可忍才會無情地反擊回去。（T-31.V.3）

就這樣，我們一輩子和罪惡全面抗爭，為了身體的健康，忙著向地球污染開戰；為了心理的健康，不惜與壞人惡事奮戰；我們還可以為了抵制內心的罪咎，藉用嚴厲的紀律來克制有罪的念頭或行為。結果，反而全都落入小我的圈套，它當初就是為了把罪弄假成真，特意為我們打造了一個奮鬥一輩子也未必保得住的個體生命。

耶穌在〈正文〉論及作決定的第一條準則時，特別用粗體字呈現「**不要與自己交戰**」這幾個字（T-30.I.1:7）。言下之意，只需覺察小我，但不要跟它格鬥！耶穌勸告我們，切莫跟別人的小我之念糾纏，也不必與自己的小我之念抗爭。在〈教師指南〉中，他把小我為了保全自己的身分所衍生的種種虛幻無用之念，全都戴上了「怪力亂神」的大帽子，還特別指點我們如何應付：

因此，如何處理人間的怪力亂神，成了上主之師必須掌握的一門重要課程。他的首要之務即是不去攻擊它。只要怪力亂神之念仍會激起上主之師一點憤怒的

情緒，無可置疑的，他不只加深了自己對罪的信念，
而且定了自己的罪。還有一點是可以肯定的，他會為
自己招來更多的煩惱、痛苦、恐懼以及災禍。願他牢
牢記住，這並不是他願傳授別人的，因為這不是他想
要學到的東西。（M-17.1:4~8）

　　為此，我們只需意識到這些異想天開的想法以及有罪的行
為也就夠了，不必為它們感到內疚。耶穌甚至說不要為它們定
罪，因為我們一旦定了罪，必會設法投射出去，把對方當成存
放自己罪咎的儲藏室，因而築起自己和他人之間的藩籬。耶穌
同時希望我們明白，我們對他的恐懼其實就是對愛的恐懼，這
種抵制心態成了我們心目中的罪。不僅如此，當我把罪推給別
人後，天下人突然都成了我的死對頭。為此，耶穌才一再敦促
我們回到問題的源頭，也就是心內的抉擇者那兒，因為它一直
向我們灌輸：「還是和上主之愛保持距離，靠自己比較保險一
點。」

你的責任只是將自己的想法帶回到當初犯錯的那一點
上，安心地將它託付給救贖。（T-5.VII.6:5）

　　聖靈的救贖原則最能反映出上主的聖愛，而「上主是萬有
中的萬有」（T-7.IV.7:4），這一句是借用了聖保羅的話（〈哥
林多前書〉15:28）。在聖愛之境，自己這個「我」什麼也不
是；但在**我的**王國裡，上主同樣什麼都不是；我代表了一切，
我才是萬有中的萬有。不消說，我們這種**篡奪**上主王位之罪，

充其量只是一個痴想妄念而已，對於「萬有之萬有的**祂**」發生不了任何作用，只因沒有一物可能存在於萬有之外。為此，耶穌才規勸我們，面對世界或特殊關係的挑戰，尤其是面對自己的毛病之際，無需充當屠龍英雄，與小我展開苦戰。應知，一旦與小我為敵，小我立刻變得生龍活虎。可還記得福音所言「不要與邪惡交戰」（〈馬太福音〉5:39），確實很有道理。你愈抵制邪惡，它就顯得愈加真實，因為你在與它相鬥之前，必然已經視它為兇神惡煞一般。只可惜，《聖經》裡那位上帝聽不懂耶穌這一句話，難怪在整部《聖經》裡頭祂都在強調抵抗邪惡，絕不放過世人對祂愛子犯下的罪行。

　　總之，面對邪惡，只需溫柔一笑即可，因我們知道它只是一個荒謬的念頭，並非真相，不會帶來任何後果。奇蹟學員更要當心，因他們對自己的小我愈來愈敏感，好似成了一種「職業病」，看到自己的小我如此冥頑不靈又始終陰魂不散，常會感到絕望。切莫如此，小我永遠不會改變的！唯一可能改變的是你，只要接受耶穌的教誨並且與他一起面對小我，便綽綽有餘了。我們早就說過：小我的本質是百分百的謀害和邪惡，永遠只為它自身著想，效力於特殊性，「自我中心」乃是它的「常數」。如今唯一改變的是我們看待它的眼光，不再批判它，也不為它內疚，只是換上一副仁慈溫柔的眼神而已。為此，耶穌才不斷叮嚀我們，把焦點集中在聖靈的修正方案，別老是盯著問題的陰暗表象：

把你的精力集中在這一願心上吧！拒絕四周魅影的干
擾。這才是你來到世上的功課。如果你這一生不需經
歷那些魅影的糾纏，表示你也無需神聖一刻。放下你
的傲慢，進入那一刻吧！切莫認為自己應該預先修好
神聖一刻所要帶給你的功課。你得甘心讓神聖一刻去
做它該做的事情，奇蹟才可能發生。這一願心充分顯
示出你已能接受真正的自己了。（T-18.IV.2:4~9）

　　既然我們真有願心面對小我，接受自己的存在本來就是一
個贗品，更好說是為了取代上主創造的神聖自性而打造出來的
一個魅影。那麼，和這個魅影一拼死活，豈非庸人自擾？不只
顯示自己又把小小瘋狂一念當真了（T-27.VIII.6:2~3），還會
加深內心的幻覺。如今，有耶穌的愛陪伴在旁，我們終於能夠
溫柔地看待小我，唯有如此，小我築起的「銅牆鐵壁」才會在
愛的眼神下悄然坍塌，回歸原有的虛無。總之，既不必與他人
的小我抗爭，也不要和自己的小我為敵，只需懷著耶穌的愛心
去看待一切，我們便能為後學之人「留下一顆明星」，那就是
寬恕之星，它為後人照亮了腳下的路，同時向世人傳佈一個喜
訊：「我們選擇了聖靈的寬恕，這禮物非你們莫屬，因為這位
老師就在你們心內。」於是，如同耶穌成了我們的閃亮榜樣一
樣，我們也成了他人的閃亮榜樣，活出「正確選擇」的風範。
當然，我們無法保證永遠會作出正確選擇，然而，只要有那麼
一刻，放下了對自己和他人的評判，便已綽綽有餘。只要與耶
穌連結，這顆「寬恕之星」便會成為我們此生的首選。正如海

倫那首小詩〈星體〉（*The star form*）所象徵的：

> 世界，也能化為一顆璀璨之星，
> 因它映現出上主的一念……
> 聖子終於安息於天堂福地，
> 不曾錯失天堂的一個音符。
>
> 璀璨的星光，如此寂靜，
> 默默回應世界預設的謎題；
> 那無解之謎，從來不是問題。

—— 《暫別永福／暫譯》P.66

(13:1) 寬恕是有待練習的……

　　這句話值得專闢一段來講解。只知鑽研《奇蹟課程》的寬恕道理，若不在生活實踐，一點用都沒有。所謂實踐，不外乎本課第九段的提示，每當自己想要責怪他人時，立即反問自己：「我會為這種事情而定自己的罪嗎？」不消說，最常見的答覆是：「當然！」我必須怪罪自己，這樣才能鞏固我的存在以及自我感。表面上，我指責的矛頭好似指向你而非我自己，其實暗地裡我十分樂於給自己罪加一等，好讓我的存在感更加堅實。因為我若清白無罪，那個小我之我便無立足之地了。由於我對自己的真實身分一無所知，只認得這罪孽深重的個體之我，而這個我得靠別人的無情無義和自己的判斷控訴才會感到「我存在」。難怪耶穌會說，分裂世界最怕聽到的就是這番懇

切的自白：

> 我不知道我是什麼，也不知道自己在做什麼，或身在
> 何處，更不知道該如何看待世界，或看待自己。（T-
> 31.V.17:7）

而且還要真心誠意地說出來才算數，因為：

> 你若學會如此自白，救恩就來臨了。你的真相便會向
> 你啟示它自己。（T-31.V.17:8~9）

　　如果我先前的回應是「我當然要怪罪自己」，就得付出犧
牲救恩的代價，再也難以憶起自己的永恆真相了。

**(13:1) 寬恕是有待練習的，因為世界無法認出它的真諦，也沒
有嚮導為你解說它的效益。**

　　「寬恕是有待練習的」，因為世界一直在灌輸我們與之相
反的觀念，其實，世界所反映的正是我們要它活出的樣子。難
怪世界必須強調罪的存在，而受苦的身體成了最有力的證據。
世上每一個人都想盡辦法保住一己的個體生命，也隨時準備把
這個個體生命引發的罪咎丟到別人身上。我們自己掛上的那副
無辜的面容，純粹是為歷經滄桑的自我概念背書，從此，整個
世界都難逃其咎了：

> 世間的課程都在幫你打造一個能夠適應世界現實要求
> 的自我概念。兩者相得益彰。這種自我形象可說是充
> 滿陰影與幻相的世界的最佳拍檔。它在此會感到賓

至如歸，因它在世上見到的一切與自己原是一個模子
打造出來的。人間的功課就是要為你打造出一個自我
概念。世界的目的即在於此；你初來時並沒有一個自
我，那是你一路營造出來的東西。當你「成熟」時，
它的羽翼也長豐了，在世上混得如魚得水，兩者配合
得天衣無縫。

自我概念是你營造出來的。……世界教給你的自我概
念一向虛有其表。因它同時效忠於兩種不同的目的，
但心靈只認識其中之一。第一個目的是保持一副純潔
無罪的面容，很會裝模作樣。這副面容常帶著甜蜜的
微笑，看似充滿了愛心。（T-31.V.1:1~2:1,4~7）

請留意，在這段引言的後面又舉出了第二副面容，也就是
隱藏在純潔面容背後的怨恨臉孔。我們之所以急著擺出一張無
辜的臉，不外乎為了掩飾自己不可告人之夢裡那個自知有罪的
兇手（T-27.VII.11:6~12:2）。我們偽裝的技術實在太高明了，
想要扭轉過來，就必須仰賴一位靈性導師和一整套學說──
《奇蹟課程》，它不僅和世界的觀點背道而馳，甚至和許多靈
修傳承大異其趣。為此之故，這種寬恕真的需要投入很大的心
力，才突破得了小我的抵制，看清自我的虛幻以及自性的真
相。一言以蔽之，即是：

也願我別忘了自己的虛無，我的自性才是一切。
（W-358.1:7）

(13:2~4) **世間的思維方式對寬恕的運作法則都莫測高深，更不用說它所反映的聖念了。世界對寬恕感到無比陌生，一如世界對你的本來面目那般陌生。唯有寬恕能把你的心靈再度結合於你的生命實相裡。**

　　要知道，寬恕不足以代表我們的真相，它只是罪的幻相和救贖真相之間的橋樑，兩者都發生於我們心內。世間歌頌的寬恕美德往往屬於**毀滅性寬恕**，與真寬恕不可同日而語，因人間的寬恕常把錯誤當真卻又企圖忽略它的後果，等於在為分裂的世界背書，因它否認了這一事實：世間的經歷只是自己編造的夢。我並非指過去那個遙遠的夢，而是當下這一刻發生的事；不論它出自正念或妄念，都是同步發生的。唯有真寬恕足以幫助我們跳脫時空的夢境，和耶穌一起俯視當前處境，且聽到他的溫柔低語：「我的弟兄，夢中人啊！你在夢中看到或感到的所有想法及經驗，沒有一個是真的。」

　　接下來，耶穌開始為我們細說寬恕的方法了：

(14:1) **今天，我們要練習真寬恕，不再存心延誤結合的時辰了。**

　　既然他人是自己的投射，故寬恕他人必會加速我們與真實的自己結合為一，因為自性的記憶始終存在心靈深處。從現實層面來講，我們之所以不願寬恕，還認為自己的判斷比耶穌更高明，相信「少給一些愛」會比「推恩於人」更為有利，究其原因，其實是我們拒絕回歸真理之境。如果說，寬恕是憶起自

己乃上主之子這個真實身分的唯一途徑，那麼，接受小我的假寬恕便可說是我們決心昏睡而拒絕回家的一貫伎倆了。

因此，只要誠實一點，我們不能不承認：自己更想活出個體之我的特殊性，絕不輕言放棄這個獨立自主的我。因為我若牽起耶穌的手，穿越小我幻境，我的特殊性便難保了。這個與眾不同的我一旦消融於天堂的一體之境，意味著天人並沒有分裂，那後果更加不堪設想了！真正誠實的人定會承認自己確實不想回家，這也是我們不想真心跟隨耶穌的原委。反之，如果選擇小我，不只可以固守自己的特殊身分，更會使它顯得神聖不可侵犯。為此，耶穌才會在〈正文〉為我們細說「與他結合」的真正意涵：

> 你只要與我結合，小我便無法從中作祟，因為我已徹底棄絕了小我，不可能與你的小我同流合污。因此，我們的結合便成了你棄絕小我的捷徑。我們共有的真相也非小我所能動搖。（T-8.V.4:1~3）

總之，寬恕乃是憶起真相的管道，不肯放下怨尤則是為了遺忘這一真相。耶穌要我們看清堅持自己的判斷（無論是形諸於外的還是暗中的心念）和所有痛苦不幸之間的因果關係，由此而進一步意識到自己所有的痛苦都來自於一個決定：我不要回家，更不想恢復聖子的生命真相，為此之故，我才鐵了心不甘願寬恕。

(14:2~3) **我們要在自由平安中與自己的實相相會。我們的練習也會為所有弟兄照亮腳下的旅程，他們方能尾隨在後，直到我們共同抵達實相之境。**

既然心靈是一體相通的，一位弟兄代表了所有弟兄，那麼，當我進入神聖一刻，放下了所有怨尤，而體會到你我是同一生命時，自然也會領悟自己和整個聖子一體不分的關係。這就是〈頌禱〉所說的「祈禱之梯的盡頭」，寬恕推著我們步步高昇，而且還要向每一位願意與自己同聲祈禱的人說：

沒有你，我無法前行，因為你是我的一部分。

在真相中，他確實如此。如今，你只會祈求能與他真正共享之物。因你已了解，他從未離開過你，看來好似落單的你，其實與他共享同一生命。（S-1. V.3:9~12）

這一體正念在我心中猶如燈塔大放光明，乘著耶穌之光，向世人傳達這一訊息：「我作出的決定，你也能夠做到的。」

(14:4~6) **為了完成這一目標，讓我們今天與那神聖嚮導共度一刻鐘的光景，一天兩次；祂深知寬恕的真諦，祂來此世即是為了教導我們這一課程。讓我們這樣向祂祈求：**

願我看清寬恕的真相。

這句話意味著，我不僅要識破寬恕的**假相**，而且還要勇敢

承認自己對小我一向言聽計從。難怪本課前半部都在解析小我的寬恕；〈正文〉也是如此，大部分的章節都是先從小我思想體系說起的。

(15:1~2) 然後按照祂的指示，選出一位弟兄，一一舉出你能想起他所犯的「罪過」。切記，不要停留在任何一條罪過上，你很清楚自己只是利用他的「過犯」把世界從一切罪惡觀念中救拔出來。

　　換句話說，我在你身上看到的罪是有可能轉化成我的人間教室，並藉此機會看破罪的虛幻；也正因如此，耶穌才會在「罪過」和「過犯」這兩個詞加上引號。如果連罪都是一個假相，那麼分裂之境及特殊性也真實不到哪裡去了，於是「我們是同一生命」的真理便發揮了拯救世界的作用。世界的得救絕非靠任何外在事件，因為外面根本沒有一樣東西有待拯救。我們只是由那個強調個體性以及自我中心的思想體系中得救而已。難怪耶穌說世界是這麼結束的：

　　世界怎樣由幻覺中誕生，也會怎樣在幻覺中結束。然而，它的「結束幻相」必然充滿了恩慈。它會籠罩在一個全面徹底、無所不包、無限祥和的「寬恕幻相」中，掩蓋了所有的邪惡與罪孽，一切罪咎也就至此告終了。由罪咎交織而成的世界也就跟著結束了，因它如今已失去了存在的目的，只有銷聲匿跡一途。（M-14.1:2~5）

耶穌要我們「一一舉出……他所犯的『罪過』」，然後記住這一切全都出於自己的投射；寬恕和療癒絕對不能跳過這一步驟。心靈既然是一體的，我們一療癒，整個世界便療癒了。耶穌最懂得如何利用我們傷人的道具，轉化為助人的工具。（T-25.VI.4:1）

(15:3) 簡短地想一想你認為他所做的一切壞事，每想出一個，就反問自己：「我會為這種事情而定自己的罪嗎？」

每當我們在做這類練習時，通常會把「自己」想成應受天譴的那具身體。雖然這是難免的，仍要隨時提醒自己，不論我控訴弟兄什麼罪，都不過是反映出我在控訴自己的罪而已。我們常認為罪是某種缺乏愛的念頭或行為，其實它們只是深藏不露的罪咎之念的一道陰影。為此，我們必須回到心靈源頭那裡重作選擇。而加速寬恕過程的最大助力，即是承認自己一無所知，只願相信耶穌所說的。不論我們在外面看到了什麼，也不論它們顯得多麼邪惡，都不可能是真的，因為它們發生於分裂幻境，全是虛幻的我投射出來的攻擊幻相而已。如今，耶穌反其道而行，教導我們如何利用「攻擊他人」的假相來寬恕我們「攻擊自己」的假相。這就是佛洛伊德所說的「上乘手法」（royal road）。正因如此，當我們療癒時，所有弟兄也必會和我們一起療癒的。

(16:1~3) 讓他由你認為他有罪的念頭中脫身吧！那表示你也準備好同享自由了。你若能真心且誠實地練習到如今，你必會感

到身輕如燕，如釋重負，如此的深刻而篤定。

我們感受到的「沉重枷梏」，指的就是心裡的罪咎。耶穌是這麼說的：

你若不以評判的心態對待自己及你的弟兄，那種如釋
重負的平安絕對超乎你的想像。（T-3.VI.3:1）

小我試圖幫我們脫罪的主要武器就是判斷，結果弄巧成拙，反倒加深了我們的罪惡感。若想修正這一錯誤，只需把自己的判斷當做學習的課堂，跟著新老師一步一步地回溯，直搗判斷的初衷。耶穌告訴我們，這些判斷全都源自內心對罪和咎的信念。正因為我們一邊相信自己有罪，一邊又忙著脫罪，才會把罪咎投射到別人身上去的。這就明白了我們為什麼總愛挑剔別人的錯。推到究竟，仍是先前所說的，我們為了保全自己盜取而來的個體生命，卻又不甘認罪，故而歸咎他人，才會生出那麼多的批判念頭。

老實說，我們都在判斷的壓力下苟延殘喘卻習以為常了，絲毫意識不到自己的小我有多麼瘋狂。其實，活在世上本身即是沉重無比的負擔，因為我們拒絕了自己的靈性真相，再也感受不到上主的臨在。請記住，我們必須先意識到自己的窘境才可能踏出下一步，也才可能悟出原來自己並非真的活在世上。這個省悟的環節，絕不可跳過。每天擺出一副笑容可掬的樣子是無謂的，反而會把判斷的後遺症壓得更深，難以意識到判斷

的沉重負荷，更遑論將它棄如敝屣。

　　難怪耶穌會想盡辦法讓我們明白，每當自己判斷別人時，必然會轉成對自己的判斷，這個代價可大了。為此，判斷別人不僅瘋狂又愚蠢，完全得不償失，還會令我們終日坐立不安。如果陷害別人會讓自己快樂一些，那還情有可原；然而，事實絕非如此。假裝無辜而怪罪別人，根本解決不了任何問題，何苦自欺下去？再想一想耶穌剛剛說的，當我們甘心放下對他人及自己的批判時，那種「如釋重負」的平安之感遠遠超乎自己的想像。

(16:4) 剩下的時間不妨體會一下你由那沉重桎梏中脫身的感覺；那桎梏原是你想加害弟兄卻落回自己身上的。

　　句中的「自己」當然是指心靈，而非我們每天早上在鏡子裡看到的那個自己。

(17:1) 在這一天，你要不斷地練習寬恕，因你還會不時地忘記它的真義而打擊了自己。

　　我們在〈練習手冊〉不時看到耶穌苦口婆心的提醒：若不落實在生活中操練，寬恕的教誨如同虛設；此刻，我也只好跟著多叮嚀幾聲。耶穌在此再加一碼，因他知道我們常會忘記，故提醒我們要加倍警覺自己多麼容易分心走神（T-2.VI.4:6）。確實，我們如此縱容自己的念頭，瞬間就從天心落回小我，眼光落在自己投射到他人身上的罪咎。小我的焦點永遠是：這個

人做了什麼傷害我的事，那個人又如何幫助了我；眼光始終放在對方的形體而非心靈層次。為此，耶穌才囑咐我們，特別留意自己的眼光多快就由真相滑入小我，由自己的內心轉到他人身上去了。

(17:2) 一旦發生此事，不妨用下面的話提醒自己，它會幫你的心靈看穿這些幻相的：

若無耶穌之助，我們根本不可能看穿那些幻相的。的確，若無耶穌之助，我們根本寬恕不了。僅憑自己，不論多麼努力，最多也只能給出「毀滅性的寬恕」。

為此，耶穌要我們這樣說：

(17:3~5) 願我看清寬恕的真相。我會為這種事情而定自己的罪嗎？我再也不願這樣囚禁自己了。

耶穌在此好似投小我之所好，鼓勵我們為了自己的利益而寬恕，而不是因為寬恕有多麼美妙、高尚，或者神聖，更非因為耶穌的指令，而僅僅是寬恕會讓我們自己的日子好過一點。關鍵在於，我們需要先看清分裂的選擇與所有後遺症兩者之間的因果關係——那只是一條自我束縛的痛苦鎖鏈。為了令他人內疚而不惜讓自己活得很慘，值得嗎？任何神智清明的人都會看出其中的荒謬。為此，我們很需要耶穌的再三提醒：判斷別人等於打擊自己；我們實在不必把自己搞得這麼苦。

(17:6~7) 不論你做什麼，只要記住這一點：

> 沒有人是獨自被釘在十字架上的，也沒有人能夠獨自
> 進入天堂。

　　上主之子只有一位，我若把你釘上十字架，等於釘死了自己。這一領悟當下瓦解了小我最愛的蹺蹺板遊戲：「你上，我就得下，故我得把你打倒或釘死，才能上升或復活。」寬恕若要發生大用，前提就是先得意識到，我對你做的一切全都是對我自己做的。我曾說過，小我無法理解「**同一**」的意義，它只懂得**分別與歧異**。故小我灌輸給我們的，不只是彼此的不同，而且一方必須有罪，另一方才能脫罪。聖靈的教誨恰好相反：你我是同一生命，不只共享小我思想體系，還**同時**擁有回家的同一通道。「沒有人能夠獨自進入天堂」，意思是我不可能犧牲你而進入天堂，同理，我也不可能犧牲上主還能享受小我的天堂。耶穌在〈正文〉中也說得非常明確：

> 救恩原是一趟「聯袂探險」的旅程。（T-4.VI.8:2）

> 若不和他一起……根本就沒有……可能。
> （T-19.IV.四.12:8）

> 進入和平方舟的，都是成雙成對的。（T-20.IV.6:5）

　　這幾句話的真義，並非「你必須跟我走在同一條路上」。事實上，你不需要知道救恩這一回事，甚至無需活在有形的身體內，關鍵就在「**我**」一人身上。只要我不再認為我們是兩個不同的生命，救恩便完成了；人心內根深柢固的分別妄念也在

這一覺悟中治癒了。最後，還是要提醒一句，切莫忘記它的先決條件：我總算看清了自己一向認賊作父，如今才會甘心跟隨溫柔的耶穌，與他一起踏上歸鄉之路。

第一百三十五課

自我防衛表示我受到了攻擊

　　各位可還記得，前一課是從小我的救恩計畫（或說小我的寬恕大業）開始說起的，我特別點出它與本課及下一課的關聯。現在，讓我們再溫習一下小我的計畫吧！它先確立天人分裂「真的」發生了，並由此斷定罪和咎也必然存在，然後警告我們：「事態嚴重，必須全面否認罪咎的存在，而且絕不回頭翻這筆舊賬，否則必會惹禍上身，遭受天譴與罪罰。唯有將這個罪咎推出心外，再投射到別人身上，方能擺脫罪咎之苦，一切問題便神奇地解決了。」前一課曾用**毀滅性的寬恕**一詞來描述小我這套救恩計畫：先把心靈的罪咎投射出去，轉成對方的罪過，對方也因此成了有待我們寬恕的對象。到了第一百三十六課，還會進一步描寫小我怎麼把罪咎投射到自己身上而形成各種疾病。至於本課，則旨在描述小我投射罪咎後，便得面對層出不窮的後遺症，每一個問題都需要一個「計畫」或「防衛措施」；後文會提到，兩者其實是同義詞，都是為了逃避外來

的威脅。總之，小我先讓我們相信問題不在心內而在世界或身體，然後為我們設計一套應對辦法；這一整套防衛策略便是今天這一課的重點。順便一提，本課是〈練習手冊〉中最長的一課，長達五頁的篇幅，足以顯示它的重要性。

本課的標題「自我防衛表示我受到了攻擊」，其實是在呼應〈正文〉「兩種畫面」那一節中的名句：「所有防衛措施所『做』的，恰恰變成了它們所『防』的。」（T-17.IV.7:1）防衛的目的原是保護我們不受恐懼侵擾，卻沒料到這個防禦機制反而強化了自己的脆弱感及危機意識，令我們不能不起身自衛。眾所周知，沒有恐懼，便無需防衛，但這些保護措施反而激起內心更大的恐懼。至此，我們終於看清了，防衛的目的原本是要保護我們免除恐懼，結果只會加深恐懼。

簡言之，本課為我們闡釋了，每當我堅信必須奮起防衛時，不只間接否定了我是上主創造的聖子，而且直接打擊到自己百害不侵的本質。既然我原是一體大愛的一份子，沒有一物存於我之外，那還有什麼可以威脅到我！反之，我若啟動自救機制，等於承認自己不堪一擊——**這不就是對自己的攻擊嗎？**

> 所有的攻擊都是對自性的一種攻擊。此外無他。一切起因於你不想活出自己真相的決定，這無異於攻擊你的真實身分。攻擊便如此使你失落了自己的身分；因為當你攻擊時，表示你已忘卻自己的真相。（T-10.II.5:1~4）

(1:1) 除非有人先認定自己受到了攻擊，不只視此攻擊為千真萬確的事，而且認定唯有自衛方能自保，否則，誰會起身自衛？

　　這段話和〈正文〉第六章開篇之言正好緊密呼應，闡明沒有一種攻擊是理所當然的：

> 憤怒通常都是分裂心態投射出去的結果，因此當事人終究得為自己的憤怒負責，無法怪罪他人。你不會無緣無故發怒的，除非你相信自己受到了攻擊，理當還以顏色，而且不應為此負任何責任。……〔但〕你是不可能被攻擊的，也沒有一種攻擊是理所當然的，你必須為自己深信不疑的那些想法負起責任來。（T-6.in.1:2~3,7）

(1:2) 這就是自衛的荒謬之處，它先賦予幻相全面的真實性，然後又當真地與它周旋。

　　人心內最根本的「幻相」就是：我曾經為了個體的存在而不惜放棄一體生命，決心和創造我的聖愛分手而犯下毀滅天堂的原罪。如今，只能憑靠著投射，讓別人來承擔那滔天罪孽，我才有「得救」的可能。從此，整個世界都在為我背負罪債，我自然也深信不疑其他人莫不伺機報復。再說，世界對純潔無罪的人總是無情的，我怎能不奮起抵制！（T-31.V.3:4）這就是「自衛的荒謬之處」：我判定自己毀滅天堂之罪，其實全是小我編造的謊言，連我投射於他人的罪也同樣是虛構的；整套

攻防機制純屬無事生非，因為它們都在解決一個根本不存在的問題。不是很荒謬嗎？除了瘋子，誰會相信小我這一套呢？

(1:3) 這樣幻上加幻以後，使得修正之途加倍的困難。

為什麼會「加倍的困難」？因為真正需要修正的，全在心靈那兒。問題是，我聽信了小我的救恩計畫，拒絕往心裡去看問題，執意相信外在的人物事件才是構成自己不幸的主因；再加上小我全力阻止我們向內正視心靈隱藏的咎，終而形成了雙重抵制，才使得修正之途「加倍的困難」，令我再也回不去當初決心放棄上主那個抉擇的原點了。順便一提，「雙重抵制」這一說法，和第一百三十六課提及的「雙重遺忘的屏蔽作用」（W-136.5）可謂異曲同工：先用他人身上的罪過來屏蔽自己心內的咎，再用咎來屏蔽心靈底層的愛。

(1:4) 只要你一開始計畫未來，讓過去還魂，或是把現在重整為你希望的樣子，你就是在幻上加幻。

有關過去、現在、未來與罪咎懼之間的關係，留待本課的後面再深入討論。我在這兒先提醒一下，這段課文並不是說「無需計畫未來」，令人遺憾的是，不少奇蹟學員落入了這個陷阱。其實，耶穌真正的用意，是希望我們別**光靠自己**做計畫（這一點也留到後文討論）。他絕對無意叫我們取消各種保險、丟掉行事曆，或不再安排各種事宜，他只是敦促我們作任何決定之前，要記得徵詢一下他的意見。

(2:1) 你一定先感受到了外境的威脅，才會認定有自衛的必要；你的應對方式都是據此信念而發的。

　　只要相信活在世上的這個人就是我，就不可能不感到世界充滿敵意、草木皆兵，而自己卻如此不堪一擊。如今，我終於明白了，是我自己把世界搞成這副德性的，因為**觀念離不開它的源頭**，整個世界不過是我心內的一念投射而成的影像而已。那一念就是：「我毀了上主的愛，我是一個可憐的罪人。」既然我所看到的世界都是由「我」這個黑暗中樞投射而成的，我當然需要一套防衛機制來保護自己了。由此推之，世界若是根據「我攻擊了上主」這一念造出的，世界存在本身就代表了攻擊，因為**觀念離不開它的源頭**。各位可還記得我經常引用的這一句話：

　　世界是為了攻擊上主而形成的。（W-PII.三.2:1）

(2:2~5) 憂患意識，等於承認自己天生的軟弱無能，它認定眼前的威脅逼著你不得不起身做合理的自衛。整個世界都是建立在這類神智不清的信念上。世上所有的組織、想法、疑慮、懲罰制度、武裝軍備、法律規範與條文、道德標準、領袖及神明，全都是為了防衛這一威脅而設的。世上沒有一個全副武裝的人心裡不是飽受恐懼威脅的。

　　除非我們真正懂得《奇蹟課程》的基本形上理念：「世界徹頭徹尾是一個幻相，它只是聖子誤信自己攻擊了上主，為了

躲避天譴而打造的藏身之地。」否則，上述這種一針見血的說法便顯得太過嚴厲，甚至不合乎情理。

> 為此，世界成了上主無法插足之地，聖子在此是可能
> 與上主分庭抗禮的。（W-PII.三.2:4）

然而，這一切全是小我捏造的虛構故事，根本沒有「義怒的上主」這一回事。但是，只要我們相信了自己就是這個個體生命（而不是一體聖子），就必會感到罪孽深重而不得不保護自己，繼而投射出一個這樣的世界。我們心中一旦把世界視為真實的存在，那麼耶穌所說的「組織、……懲罰制度、武裝軍備、法律規範與條文、道德標準」等等，全都顯得非常必要了。確實，不論是個人或整個社會，但凡面對危機重重的世界，都會感到必須自我防衛，因為我們心知肚明，別人也一定會以其道還治於我；為此，我們不能不犧牲別人，來滿足個人的特殊需求。

至此，暫且打住片刻，容我再提醒一下，耶穌並非勸阻我們正常地過日子，他只是希望我們透過他的眼光看清世界的本質以及它存在的真實目的就行了。

(3:1~2) 自衛是令人害怕的事。它出自恐懼，每增加一道防衛措施，恐懼隨之加深一層。

這句話重申了〈正文〉所說的「防衛措施所『做』的，恰恰變成了它們所『防』的」（T-17.IV.7:1），的確如此，所有防

衛全都「出自恐懼」；唯其感到威脅，才會生出防衛之念。不
僅如此，之所以感到威脅，恰好反襯出我的脆弱，間接證明了
我絕不會是百害不侵的聖子。小我變成了我的生命源頭，我則
淪為它的報復之神的犧牲品。幸好，謊言毀不了真相，上主之
子不曾和他的生命源頭分開過，因此我根本沒有防衛或抵制的
必要。這個觀念正是本課的結語：「上主之子無需以自衛來抵
制自己的真相。」

**(3:3~4) 你以為它會帶給你安全感。其實，是它把恐懼顯得真
實無比，使你更有理由驚惶失措罷了。**

　　我一旦在你身上看到了罪，你的罪行對那活在心靈之外
的「我」必然構成莫大的威脅，難怪我的「恐懼顯得真實無
比，……更有理由驚惶失措」。分裂心靈就是根據這種原則運
作的：先投射，再遺忘那是**自己的**投射，結果，我們的心靈不
僅難以意識到被投射出去的咎，反倒令心內的咎埋藏得更深。
更糟的是，我們遺忘的不只是「咎」，連它企圖覆蓋的「愛」
也一併忘了。從此，我們的覺知就只限於眼之所見以及大腦的
詮釋，當然會感到危機四伏，因為心內的威脅全跑到自己或他
人的形體了。人人都很清楚生命的結局就是死亡，眼見自己
的肉體逐漸衰老退化，怎能不奮力抵制疾病與死亡的侵襲，
故說：「世上沒有一個全副武裝的人心裡不是飽受恐懼威脅
的。」可以說，不論是從生理或心理層面來講，每個人在世上
都活得膽戰心驚。

　　然而，小我的防衛措施太精密了，令我們幾乎感受不到這種恐怖。偶爾，一股莫名的焦慮或恐懼會突破心理防線，但比起心內根深柢固的恐懼，簡直是小巫見大巫，因小我一直在心內放話：「被你毀掉的上主，死而復生了，祂必會向你討債，索回你從祂那兒盜取來的生命。」打造世界的目的就是充當防禦堡壘或煙幕，防止自己憶起小我編織的可怕真相。只要自以為活在身體內，必然籠罩在恐怖陰影之下，只是越壓越深而已。我們還常常自我安慰：「世界上哪個人不恐懼！」一點也沒錯，若吸不到氧氣、喝不到水、吃不到食物，任誰都難逃一死。不僅如此，自己的特殊性渴望若不得滿足，還會陷於沮喪、痛苦、孤立無援，那可是「心理死亡」。為此，我們不能不和充滿敵意和威脅的世界抗爭到底。問題是，這正是我們為自己打造的世界，我們還能逃到哪兒去！

(3:5) 奇怪的是，當你處心積慮地策畫，加厚你的盔甲，扣緊門栓時，你從不停下來問問自己，你究竟在保護什麼？以什麼方式防範？你究竟在抵制什麼？

　　本段末尾這幾個反問其實已經為下一段鋪路，開始討論我們對身體的種種保護機制。耶穌要說的是，我們又犯了「身分認同」的錯誤了。他在整部課程中不知提醒過多少次，我們把自己視為血肉生命，不僅有別於上主，而且和每一個人都不同。分裂之念就這樣在我們的許可下，進入了這一具身軀。耶穌曾如此描述我們所認同的身體：「企圖模仿上主造化⋯⋯的

拙劣贗品。」（T-24.VII.1:11;10:9;W-95.2:1）

　　我們把身體這個贗品當成自己的生命，取代了本有的靈性生命或光輝自性。耶穌當然知道幾乎沒有一個奇蹟學員不認為自己是這一具身體，但他無意讓我們為此內疚，只是再次善意地提醒：「讓我陪你看一看你又把自己當成什麼東西了，你不必作任何改變，也無需放棄什麼，更不必害怕自己會化為虛無；只需退後一步，和我一起看看你這古怪的身分，並且容我助你看清它的心靈源頭及背後的原因，我們就能攜手合作，真正為心靈做些事情了。」

　　請看，耶穌並沒有叫我們立刻撤回對身體的投注，他先教我們和他一起正視這具身體和自己所謂的人生，然後學他那樣莞爾一笑就好了。這就是本課的主旨：退後一步和耶穌一起看清真相，開始質疑自己一生的心力都投注在什麼東西了。下面這段引言告訴我們該把心力投注於何處：

　　你不該問：「我怎樣才能不透過身體去看弟兄？」你
　　只該問：「我真的希望看到他是無罪的嗎？」（T-20.
　　VII.9:1~2）

　　接著，我們開始討論身體和心靈的關係：

(4) 讓我們先反省一下你在保護什麼。那一定是十分脆弱、不堪一擊之物。一定像個待宰的羔羊，無法保護自己，才需要你來防衛。有什麼比身體更脆弱的東西，隨時需要你的保護與照

顧，隨時需要你為它的小命操心？還有什麼東西會比身體更不堪一擊，根本不配成為上主之子的居所？

　　《奇蹟課程》對身體的描述其實大同小異，有些說法較為含蓄，有些則顯得比較尖銳，背後隱含了相同的溫柔反問：「這真是你想要活成的你嗎？那可不是我心目中的你，更不是上主所創造的你。但你卻要別人如此看待你。」耶穌在整部課程為我們明白點出，我們死也不肯放棄身體，因為我們需要它來抵制內心的咎，再用咎來覆蓋心靈本有的愛。小我十分清楚，我們一旦決心和上主聖愛認同，它的個體生命就結束了，因為個體性與一體性是無法並存的。為此之故，耶穌才再三為我們闡明身體的本質以及它存在的目的。只要看清這一內幕，「選擇正念」便成了順理成章之事。

　　順帶一提，當我們讀到「身體」一詞時，不要光想到生理之我，它還包括心理之我。大家都知道自己的心理多麼脆弱，別人一個不屑的眼神，我就被冒犯了；我的偶像若沒對我微笑或認可，我就一副失魂落魄的樣子。

(5:1~2) 然而，會害怕的並不是身體，它也不是一個可怕的東西。它所有的需求都是你為它指定的。

　　我們都已知道，句中的「你」，不是指具有人格特質的你，而是心內那位抉擇者，它可以聆聽小我的謊言，也能夠相信聖靈的真理。而「**你**」，卻選擇與小我的個體生命認同，同

時也接收了小我為了爭取個體存在而不惜毀滅天堂的那個罪咎。小我還有更狠的一招，就是把這個咎變得可怕無比，我們若想存活，不能不否認它的存在並且把它投射出去，從此，我們只會看到世界罪孽深重，再也看不到自己心內深不可測的咎了。故耶穌在此明白地告訴我們，身體的各種感受全都受制於心靈內在的恐懼。

(5:3~6:2) **它〔身體〕並不需要複雜的防衛措施，也無需保健藥品，它更不需要你為它操心。當你保護它的生命，用各種禮物妝扮它，或是建築高牆來保護它時，你其實是在聲明：你的家隨時在受時間竊賊的威脅，它會腐朽，會倒閉，它是這樣的不安全，你才不得不用自己整個生命去守護它。**

這幅景象怎能不令人膽戰心驚？這種家的觀念能讓你活得安心嗎？

　　耶穌說得這麼一針見血，並非有意勾起我們的罪惡感。他知道我們都想擁有一個可供安歇的溫暖家園：四面高牆護著舒適的床，冬有寒衣，病有良藥良醫。他之所以舉出這些實例，絕非要我們為此內疚，而只是提醒我們，長遠來講，這些安慰劑不會帶來上主的平安或永恆幸福的。確實如此，不論我們在世上做什麼，甚至狀似神聖的事，都不足以帶來真實的平安幸福；除非我們徹底改變自己的心念或想法。

　　換言之，世上每個人都活在極深的恐懼中，卻想盡辦法掩

飾這一事實。因此，耶穌的首要之務便是幫我們先意識到自己活得多麼恐懼，再進一步揭露恐懼的真正原因。因為，倘若不知道恐懼是源於自己心內，一定會感到無能為力的。我們既已活在這充滿敵意的世界，不可能不活得戰戰兢兢，必會設法向外尋求保護，不論是個人、社群、宗教或國家。而個體或群體本身存在的動力，也是為了保護自己免於恐懼的威脅。我們一旦認定威脅來自於外，唯一自保之道就是與外在威脅抗爭到底：未雨綢繆，擬定周全的計畫，應付隨時到來的厄運。請記得，耶穌並非勸阻我們制定應變計畫，他只希望我們意識到自己整個人生都是建立在一整套的謊言上，一生也在與那些謊言奮戰不休。

　　這一段課文談到了小我防衛機制的另一高招，就是讓我們把身體視為自己的家園，耶穌在下文甚至把身體比喻為我們的「愛子」：

> 就這樣，身體為你製造出一套關於你的理論，它不接受自身之外的任何證明，但也跳不出自己的視野。……它成長、苗壯、衰頹，最後便消逝了。離開這具身體，你簡直想像不出自己的模樣。……你的特殊性卻悄悄對它說：「你是我的愛子，我衷心喜悅。」於是這個兒子便成了完成其「父」大志的工具。……這實在有辱上主的造化。因為聖子的創造只會帶給天父喜悅，成為聖愛的見證，而且與天父有

　　志一同；身體同樣也會為營造出自己的原始觀念作
證，為它的真實性大放厥詞。（T-24.VII.10:1,3~4,6~7,
9~10）

　　身體一旦被確立為我們的真實身分和家園，我們不可能
不全力保護它的。我們再度看到小我救恩計畫厲害之處，它
先讓我們內疚而把上主聖愛推走，再用身體來護守內心的咎；
這具身體一方面需要世界的支撐，一方面還得和世界周旋到
底……，如此層層相套的防衛抵制，最後根本搞不清問題究竟
出在哪兒了。

**(6:3~5) 然而，是誰賦予了身體如此對待你的權利，不正是你
自己的信念嗎？你在身體上所看到的一切功能，都是你的心靈
賦予它的，它在你心目中的價值遠超過一小堆塵土及水分。只
要認清了身體的真相，還有誰會想要保護這種東西？**

　　換句話說，你若計畫取消人壽保險和醫療保險，以及決定
出入不再鎖門的話，必須深信不疑你最熟悉而且親密的身體只
是「一小堆塵土及水分」而已。除非你真的相信身體不算什
麼，否則不要輕舉妄動。請記住，耶穌對我們只有一個請求，
就是退後一步，與他一起反觀自己的行為反應。若能做到這一
點，內心的自我認同便會開始轉變，這種溫柔地潛移默化的轉
變過程，才算是真正的療癒。為此，不必忙著改變外在表現，
而應轉拜另一位老師，和他一起反觀自己及他人的所作所為才
是關鍵所在（T-21.in.1:7）。這一點非常重要，不知有多少奇蹟

學員誤解了這幾課的深意而偏離了正知見。故意否認內心的分裂信念及罪咎，對我們一點好處都沒有，試想，如果意識不到自己真的很相信那一套，我們還有機會改變那些深藏不露的信念嗎？

　　順便一提，耶穌在此借用《聖經》中「一小堆塵土及水分」之說，他並非第一次揶揄我們對身體這命根子的崇高敬意。除了〈練習手冊〉後面那幾課有提到（W-136.2:3; W-186.7:4），〈正文〉也有類似的描寫：

> 它命你守住這一粒塵沙，與宇宙為敵。
> （T-18.VIII.3:2）

> 身體在所有夢裡都扮演著核心角色；每個夢境都在述說自己如何被其他身體塑造出來的故事，它如何被生到身外的世界，度過一段光陰便離世而去，與其他可朽的身體同歸塵土。（T-27.VIII.1:3）

(7:1~2) 身體本來不需要任何保護的。我們會不厭其煩地重申這一觀點。

　　只要我們相信自己就是這一具身體，就不能不掩護它的虛無本質，再也無暇面對心內的真正問題。其實，連心內隱藏的問題也不需要我們保護，因為我們感受到的咎和懼也不是真的；只要我們不批判、不抵制、純然接受，它就會重歸虛無的。如何從小我的瘋狂妄念轉向聖靈的清明正念？耶穌給我們

一個簡單的建議，只要選對了清明正念，你便跳脫了小我的神智失常之境：

> 逃離神智失常之境，不需要另闢佳境。你只需在瘋狂之處當下接受理性，你便從中脫身了。（T-21.VI.3:7~8）

〈正文〉還有一段教我們如何脫離苦海時，所給的妙方和上述這一段毫無二致：

> 現在，你已看到了，你是有路可退的。你只需面對問題的真相，不再去看你希望它成為的樣子。（T-27.VII.2:1~2）

這一具身體就是我們「希望它成為的樣子」，目的是抵制心內不可告人的咎。問題的「核心」就在於我們相信了罪咎的幻覺，才會製造外在的問題來印證罪咎的存在。至此，我們更加了解寬恕的深意：只需和耶穌一起觀看小我之念投在世上的種種表相，並且知道這些外在事件不過是心靈的投射，真正的問題依舊藏在自己心內。為此，耶穌在〈正文〉「聖靈的課程」那一節的結尾，點出了聖靈的第三課「只為上主及其天國而儆醒」（T-6.V.三），不用抵制，只需儆醒；換句話說，得先覺察小我那一套，我們最終才可能覺於天國。

(7:3~5) 身體本來是健康且強壯的，只要心靈不去虐待它，指派給它無法勝任的角色，賦予超乎它能耐之上的目標，或非

它所能完成的高超理想。上述的企圖聽起來荒謬，你卻樂此不疲；你為此而不斷向這身體發動瘋狂的攻擊。只因你認為它辜負了你的期望，未能滿全你的需求、價值及夢想。

　　我們若把一生都投注在身體，遲早必會大失所望的。年輕時可能感受不到，步入中年之後，身體日漸退化衰老，直到死亡來結束這一切。故我們的注意力不要放在「身體強健與否」，而應自問：「心靈寬恕了沒有？」若能以溫柔的眼光面對內心的罪咎和怨恨，同時選擇和耶穌的愛認同，那麼，不論身體狀態如何，我們仍能感受到無所不在的平安。換句話說，唯有將注意力從身體轉向心靈，我們才可能體驗出兩套思想體系的不同。

　　一旦有過這種切身經驗，便會知道：只要聽信小我而拒絕耶穌的愛，受苦的必是自己，不只煩惱叢生，還會徒增忿怒與焦慮乃至寢食難安。反之，一旦認同了耶穌的愛，不論自己或他人的身體發生什麼狀況，心靈始終平安而篤定。由此可見，「焦點由身體轉向心靈」的意思，其實就是撤換身體存在的目的，亦即由小我的罪咎轉向聖靈的寬恕。下面這段引言簡述了改換目的的真正含義，顯然的，它並不否認或忽視我們的身體，而只是教我們回到真正的老師那兒：

　　　　你若把身體當作攻擊的武器，它對你就會百害而無一
　　　利。你若能把身體當作一種媒介，向其他仍然相信自
　　　己只是一具身體的人示範，身體不是攻擊人的武器，

你才可能看出自己心靈的大能。只要你把身體純粹用
於此處，它就不可能淪為攻擊的武器。……聖靈對身
體的看法與你的觀點大相逕庭，因為祂知道，「恪盡
天職，完成天命」才是萬物的唯一真相。……身體是
美妙或醜陋，是安詳或蠻橫，是有益或有害，全憑你
如何發揮作用而定。（T-8.VII.3:1~3,6;4:3）

(8:1) 需要保護的那個「我」並非真實的。

　　這種說法不只適用於生理之「我」，也應套用在心理之
「我」上。我們若能體驗到「身體之我」純屬幻覺，自然無需
費心保護了，誰能保護一個什麼都不是的虛無？要知道，我們
感受到的身體之我，只是被心靈弄假成真的那個「有罪之我」
的投影而已。就連那個狀似有罪的「我」也不需要保護，只消
一個溫柔的目光，微笑地看著它，它就會回歸虛無了。當然，
小我絕不同意這種說法，它認為這個有罪之我極需保護，故迫
不及待為它打造出一個身體和世界。不僅如此，小我計畫中最
狠的一招就是打造出物質世界之後立即抹除我們的記憶，令我
們相信誕生為人不是出於自己的選擇。別無選擇的我們，只好
對小我言聽計從，全力保護這一具身體，絲毫意識不到身體的
出現其實是為了抵制內心的咎。然而，身體與咎卻同等的虛
幻，既然虛無，又何需用虛無來保護？難怪耶穌乾脆建議我們
「什麼都不需要做」（T-18.VII）：沒有問題有待解決，沒有威
脅需要防衛，只要記住，自己所看到的一切，不過是一個虛無

之物企圖保護另一個虛無之物而已。

(8:2~3) 那毫無價值也不值得你費心防衛的身體，你只需將它視為身外之物，它就能轉為一個健康有用的工具，為心靈效命，直到它功成身退為止。責任已盡，誰還會抓著它不放？

　　換句話說，我們明白了這具身體只是供自己看清「我不是這一具身體」的教室而已；也終於明白了，連造出身體的那個咎也是捏造出來的。身體就這樣成為心外之物，還要我們相信心靈活在它內；縱然如此，這具身體仍然可能轉變為學習的教室。但要小心，只要我還相信自己真的活在世上，不可能不看重身體而投拜在小我門下的。小我只關心一件事：「怎麼讓我在人間生存下去，如何保護我不被其他身體傷害？」反之，耶穌的任務則是教我把身體當做一個工具，藉此領悟出，原來我根本不活在這個肉體內。他在本課又進一步揭露小我的險惡用心：之所以讓我選擇身體，外表上是想證明罪和咎的存在，真正的目的其實是令我不敢憶起上主的愛。也因此，只要識破心靈這不可告人的內幕，我便能作出不同而且有意義的選擇了。

　　這麼一來，身體對我變得很有意義，因為它有了新的目標。請記住，目的代表一切。明白了目的，就會看出它的意義。難怪耶穌要我們不論面對什麼事情，記得反問自己：「它的目的何在？」（T-4.V.6:7~9;T-24.VII.6:1~3）對小我而言，身體就是令我們永遠無法逃脫的囚牢。對聖靈來講，身體則變成了一間供我們學習的教室，並為我們打開一條生路。方法再簡

單不過了：只要了悟我們從來不曾活在這具身體內，當下就解脫了。耶穌在〈正文〉中也說過，若想逃離身體，只需靜靜融入心靈：

> 這一解脫途徑，不含任何暴力，也不會打擊到身體，你只是對它有了正確的認識而已。它限制不了你，只因你不再接受它的限制。你並非真被「提」到身體之外，只不過它再也禁錮不住你了。你必會去到自己註定該去之地，重拾（而非失落）真正的你，也就是你的自性。……到它的避風港〔心靈的神聖一刻〕來吧，在這兒，你才能安心地活出自己。你無需經歷生死掙扎，也無需過關斬將，你只是靜靜地融入其中。（T-18.VI.13:1~5；14:5~6）

(9:1) 保護你的身體，其實等於攻擊自己的心靈。

現在開始進入本課的精華。當我刻意保護身體時，等於承認它脆弱不堪且亟需保護；而我之所以認定自己的身體經不起那些外在罪行的打擊，不過反襯出我內心十分相信罪惡的存在，才會覺得需要防衛，從此落入了小我的圈套。它不斷慫恿我把罪投射給別人，如此才能從天譴的詛咒中脫身。由此推之，我若祈求聖靈幫忙解決人間的問題，等於向祂表白，我還不想去看心裡那個更嚴重的問題。為此，耶穌才說：「保護你的身體，其實等於攻擊自己的心靈。」如此，不只將罪變得更加真實，還切斷了自己接受聖靈修正的機會。

(9:2) 因你必會在它〔自己的心靈〕身上看見缺陷、脆弱、限度以及匱乏，而認定這一具身體有待你的拯救。

　　我們先在心內肯定了罪咎、邪惡及恐懼的存在，卻把這些陰影投射到身外而構成了外界的問題，我當然覺得必須保護身體免受其害了。這就是為什麼我寧可把精力投注在各種防衛機制，抵抗外來的侵襲，也不敢反問自己一個真正的問題：「為什麼我從一開始就選擇跟小我的罪咎認同？」

(9:3~4) 你再也不會把心靈與身體狀況看成兩回事了。心靈一旦被視為有限而脆弱之物，它不只與其他心靈分開，也與生命根源分裂了；而你便會把所有的心靈之苦都套在身體上。

　　我的心靈深信不疑自己已和上主分道揚鑣，因而感到罪孽深重而且脆弱不堪，接著又把罪咎和脆弱投射到自己的身體，使身體成為心靈的化身，從此再也意識不到心靈的存在，自己的所知所見全都換成了外境。於是，內心的信念和大腦的想法變成同一回事，我也不再認為它們出於自己的心內，畢竟，那都是周遭世界灌輸給我的。世界就這樣成為一種「現實」，這個現實表明了我和所有的人毫不相干；同時也暗示一個秘密信息：「我已和造物主分裂而成了一個獨立自主的生命。」這個滔天之罪不可能不引發極深的咎，結果，身體成了代罪羔羊，承受著罪咎之痛卻不知道苦從何來。這就是為什麼耶穌要再三提醒我們，身體不是問題所在：

你要這個無法看見也無法聽到的身體為你所看到的
景象與聽到的噪音負責，實在毫無道理。它不會因
你的懲罰而受苦，因為它沒有感覺。它只會按照你的
心意行事，從不自作主張。它不生，也不死，只是
漫無目的卻亦步亦趨地任你安排它的道路。……你派
它去尋找分裂，它就分裂了。你為此恨它，你痛恨的
其實不是它，而是你指派給它的用途。……它只是為
你〔抉擇者〕而看，為你而行。……是你要它變得脆
弱卑微的。……你恨身體，但它又代表了你心目中的
自己；沒有它，你等於失去了自我。（T-28.VI.2:1~5;
3:2~3,6,8;4:2）

這段話說得不能再露骨了。只有瘋子才會把生活重心放在
身體上（無論是把身體視為快樂或痛苦的來源，或是崇敬或厭
惡的對象），因為真正的問題以及唯一的解答始終都在心靈的
抉擇者那兒。只有一種防衛心態言之成理，就是保持儆醒，不
讓心靈再度掉入小我的圈套。

**(10:1~3) 真正有待治癒的是上述那些觀念；它們一旦獲得修
正，恢復了真相，身體自會隨之健康起來。這是唯一且真實的
保護身體之道。然而，你是這樣來保護自己身體的嗎？**

真正的問題，就在於我們先否認心靈隱藏的罪咎而將它投
射到身體，才會出現種種生理症狀。故知，病根不在這些症狀
而在內心隱藏的咎。也就是說，心靈療癒和罪咎化解是同一回

事，罪咎一解除，不論身體看起來如何，你都沒病！因此，耶穌這樣告誡我們：

> 沒有比只看外表的知見更盲目的了。只知著眼於外形的目光，透露了此人的理解能力必已受損。（T-22.III.6:7~8）

只看身體的表相，等於什麼也沒看到，因為我們只會看到小我要我們看的，那無異於盲目。我們通常僅憑生理症狀來評斷病情，這可說是「視而不見」的最佳範例，因為真正的病根在於我們先認定自己有罪，才會進一步滋生出「身體是脆弱且無能」的念頭。事實上，只要心靈健康，身體一定「健康」，儘管外表看來好像有病。因為原則上身體不會自己生病的，它只是服從心靈的指令而已。許多奇蹟學員把身體和心靈的因果關係搞得曖昧不明，不幸，這是一種相當普遍的現象。大家可還記得，〈正文〉開篇不久就說得很清楚：

> 疾病也好，「妄見」也好，都是「層次混淆」的後遺症，因它會誤導人們相信某一層次所出的差錯會牽連到另一層次。我們曾提過，奇蹟乃是修正「層次混淆」的良藥，因為每個錯誤必須在它發生的層次上就地修正。只有心靈才會犯錯。身體是因為妄念的誤導才作出錯誤反應的。（T-2.IV.2:2~5）

在〈正文〉後面的章節裡，也反覆強調這個觀念，再度釐

清層次混淆，重申心靈才是疾病的根源。試想，身體這個虛無之物怎麼可能生病？這道理先前已經討論過，現在我們來讀一讀〈正文〉是怎麼說的：

> 奇蹟便如此療癒了身體，因為它讓你看到，疾病是心靈的傑作，只是讓身體充當代罪羔羊，承受它的苦果而已。然而，這只是一半的課程，你尚未學到全部。你若只明白身體是可以療癒的，奇蹟便發揮不了真正的作用，因為這不是它要教你的功課。它要你明白，心靈必然已經生病了，才會認為身體可能生病，因為是心靈把那既無因又無果的罪咎投射到身體上的。（T-28.II.11:4~7）

　　總而言之，問題出在我們企圖從身體的層次去解決問題，而不願把心力轉向問題的源頭，也就是心靈不斷選擇認同小我。就是這個決定，才構成了疾病，而改變這個決定則代表了療癒。確實如此，唯一最有效的保護身體之道，就是改變心靈的決定。

(10:4) 你給它的那種保護，對它不僅無益，反而加重了心靈的負擔。

　　我們愈努力保護自己的身體，心內的咎便會隱藏得愈深。要知道，罪咎才是一切煩惱疾病的源頭，我們若對它掉以輕心，痛苦就會不斷滋生下去。可還記得〈正文〉這一句話：

但你十分肯定，在那些使你痛不欲生的各種原因當中，你從不把自己的罪咎計算在內。（T-27.VII.7:4）

我們常喜歡幻想天上的父親會照顧好我們的世界，世上所有的問題都會得到圓滿的解決。毋庸贅言，這種幻覺只是刻意忽視心內的咎，縱容它在心內坐大，最後必然會投射於外。於是問題層出不窮，不論它顯現在你的身體或我的身體，還是世上任何東西，都是同一回事。

(10:5) 你沒有治癒它，反而奪走了它痊癒的希望，因你不知道應把希望置於何處才會得到真實的治癒。

這又是一個關鍵句，耶穌到了本課的結尾，還會再次重申這個觀念。不論我們面對的是私人問題或世界問題，只要著眼於問題表面，是治癒不了任何東西的，甚至會適得其反，毀了真正療癒的希望。剛才也已說過，希望始終繫於心內的抉擇者那兒，它才是一切問題的根源，也是答案之所在。既然問題始於我們拒絕上主之愛的那個決定，那麼唯一的希望自然是回到抉擇者那裡重作選擇，並且甘心承認：「我犯了一個錯誤，選擇了小我那位從不說真話的假老師，如今我已準備好聆聽真老師的教誨，接受聖靈的救贖訊息。」

換句話說，我們若從身體層面來看問題或尋求解答，無異於否定了唯一能夠解救我們的心靈。請記住，只有我們拯救得了自己，不是靠聖靈、上主或《奇蹟課程》，而是靠我們選擇

接受祂們的幫助。我們若存心抵制，祂們便愛莫能助。故關鍵
在於選對老師，而耶穌的首要任務則是幫我們覺於心靈力量，
他在海倫開始筆錄的那幾個禮拜，曾經這樣規勸海倫：

> 如果我藐視你思想的力量，對你沒有一點兒好處。這
> 也與本課程的宗旨背道而馳。（T-2.VII.1:5~6）

　　接下來要特別討論「計畫」的問題。此刻，我必須再次提
醒，耶穌並非要我們放棄未來規畫。當然，若不預先規畫，我
們的基金會就無法推出教學方案了。耶穌的意思是，不要逞
能而**自行**計畫。我們先前討論「我什麼都不需要做」那一節
（T-18.VII）時，就已說過，切莫望文生義。海倫在筆錄初期有
「過度努力」的傾向，耶穌才會這麼提醒：不要「**靠自己**」去
做任何事。因為我們太習慣自行界定問題何在，還自以為知道
答案，並據此計畫甚至付諸行動。

　　要知道，每當我們祈求聖靈解決問題時，顯然就已經把這
事當真了。而「我們什麼都不需要做」的最終原因，乃在於人
間沒有一個問題有待我們解決。由此可知，真正的問題是我們
認定自己**有問題**亟需解決，為此，我們真正該問的是：「為什
麼我們要相信那始終認為我們有問題的老師！既然問題出在**選
錯**老師，那麼只要**選對**老師，一切問題不就迎刃而解了嗎？」
為此，耶穌接下來用「已治癒的心靈不再自行計畫」這句話來
提醒我們切莫妄自行動。若不求助於他，我們極可能投注一生
精力去解決一個根本不存在的問題，反而看不到那煙幕背後隱

藏的真正問題：我們只不過作了一個錯誤的選擇而已。

　　總之，耶穌絕對不是禁止我們在世上有所作為。身為奇蹟學員，應該不時提醒自己活得正常一點。正如第一百五十五課所言，我們在外表上和所有的人一樣，唯一不同之處只是我們更常面帶微笑而已（W-155.1:2~3）。我們照常吃喝穿戴，也照常買保險，表現得和他人無異，不同的是，你選擇了不同的老師，你便能和那個永遠都在微笑的耶穌一起微笑。反觀小我，它只會在有所求或有所得時才會微笑，可說是名副其實的「笑裡藏刀」。〈正文〉曾說出這麼一句毫不妥協的話：

　　不愛，就等於謀害。（T-23.IV.1:10）

(11:1~2) 已治癒的心靈不再自行計畫。它只會聆聽那超乎自身之上的智慧，接受它的計畫，然後用到生活上。

　　不少奇蹟學員自認為已經遵照這個原則生活，事無大小都不忘向耶穌請教。縱然如此，仍然可能掉入小我的圈套，因為他們問的是「**自以為**」的問題，為此，他們也只可能得到自己**預期的**答覆，卻意識不到那些具體祈求，例如治療身體、找停車位、金錢困擾或人際關係這類問題本身已經限制了他們可能得到的答覆。他們自認為知道問題所在，並指望耶穌助以一臂之力，這恰恰反映出人心的傲慢。這就是為什麼耶穌三番兩次教我們少提具體的要求。此刻，我們有必要再重溫這段話：

　　祈禱的祕訣就是忘卻你心目中認定的需求。祈求具體

之物的心態，與「先看出對方的罪過，再設法寬恕」如出一轍。因此，祈禱時，你也應放下心目中的具體需求，一起交託到上主手裡。如此，它們變成了你獻給上主的禮物；你等於向上主說，自己無意在祂面前設置偶像，你唯祂的聖愛是求。那麼除了「憶起上主」，祂還可能給你什麼答覆？你豈能讓那些轉眼即逝的問題或微不足道的建議，取代祂真正的答覆？上主只會給予永恆的答覆。人生枝枝節節的答案早已包含在這個答覆內了。（S-1.I.4）

向耶穌祈求具體的協助，雖然並不是什麼罪過，但這確實會限制他的答覆。耶穌在傳遞〈頌禱〉一文以前，就給海倫下面這一訊息。我們之所以舊話重提，因為這是貫穿〈頌禱〉的核心理念：

任何具體的問題必然隱含了大量的假設，既然有了假設，答案必然逃不出它們所圈定的範圍。提出具體的問題其實是一種決定，你已打定主意，只接受那些你願意接收的答案。你使用語言，目的是為了畫地自限，它讓你更容易掌控那數不盡的各種經驗。活在人世，你在很多方面都需要語言文字，但切勿用它向上主提問。上主不使用語言，也不用語言回答。祂只會對你裡面的基督「說話」，基督會將祂的答覆翻譯成你所能理解和接受的任何語言。……答案為何，並非

由你決定。你加諸其上的任何限制，都會干擾你聆聽
答案的能力。上主的聲音悄然寂靜，只在靜默裡發
聲。意思是，你不該為問題措辭，為答案設限……。
真正的祈求只有一個，就是上主永恆不變的答覆。這
需要你虛懷若谷的信任，而不是自以為是的傲慢。
（《暫別永福／暫譯》PP.445~446,450）

　　這一段話同時解釋了「為什麼我們不該計畫」，因為我們
根本不知道自己需要什麼，豈會知道如何未雨綢繆？故**具體的
計畫**和**具體的要求**都犯了同一錯誤。我們應該把心力轉向祈求
耶穌幫助我們寬恕，唯有如此，才解除得了心靈的障礙而聽
到愛的天音，那麼聖靈的智慧自然會溫柔地指點我們該說什麼
或該做什麼。總之，問題終歸兩字：「罪咎」；答案也終歸兩
字：「寬恕」。我們還能要求什麼比這更具體的答覆！

(11:3) 它〔已治癒的心靈〕**會等候具體的指示，而後才放手去
作。**

　　這一小段話的前提是，我們已經選擇了聖靈為師，看清了
問題的真相。耶穌在〈練習手冊〉一開始就告訴我們，我們絕
不是為了自己所認定的理由而煩惱（W-5）。然而，我們所制
定的種種計畫和防衛措施，無一不是針對**自己**心目中認定的
問題。我們若想成為奇蹟的「模範」學員，當然會把聖靈拉進
「我們」的計畫，請他幫忙處理我們內心認定的煩惱起因，以
便做出更周全的防禦計畫。然而，聖靈除了寬恕以外，沒有其

他的法寶。唯有寬恕，才解除得了我們視而不見又聽若罔聞的
障礙，我們必須先清除這一障礙，才可能聽到聖靈的指引。故
把陰暗的幻覺置於光明的真理內，才是當務之急：

> 把寬恕推恩出去，乃是聖靈的任務。讓祂完成自己的
> 使命吧！你只需操心一事，就是你該給祂什麼，好讓
> 祂推恩出去。不要向祂隱瞞任何不可告人的祕密，
> 倘若如此，祂便無法為你發揮大用；你只需給祂能夠
> 推恩的小小禮物，祂就會欣然接納，把它投入和平用
> 途。祂會祝福你的每個禮物，讓它發揮無限的力量。
> （T-22.VI.9:2~7）

也因此，我們真正從這位導師學到的不是該做什麼，而是
先看清問題究竟出在哪裡，繼而學習以不同的眼光重新看待此
事。唯有透過聖靈的眼光，我們才可能看清問題的真相，原來
那些煩惱和痛苦只是小我企圖混淆真相的陰謀而已。為此，自
訂計畫，只會令**我們**在物質世界愈陷愈深，唯有聖靈或耶穌的
計畫才會將我們帶回心靈的源頭。耶穌在〈正文〉第二章便已
言簡意賅地告訴我們怎麼做了：

> 生活中無關緊要的事不妨交給我來處理；至於重要的
> 事情，我需要你的同意，才能為你指點迷津。我不可
> 能為你控制恐懼，但它是可以自我控制的。恐懼杜絕
> 了我把自己的掌控力給你的機會。（T-2.VI.1:3~5）

只要我們願意交出恐懼，耶穌自然知道如何「**管控**」，他的愛會自由地流經我們的心靈，溫柔地**指點**我們每一個思維和行為。

(11:4~5) 它〔已治癒的心靈〕不再自恃己力，只相信自己有能力完成上天指派給它的計畫。它肯定不疑，沒有任何障礙阻擋得了它完成目標，只要那是利益眾生之大計。

只要我們願以聖靈為師，聽從祂的指引，必有能力完成上天指派給我們心靈的任務。「利益眾生之大計」指的就是救贖計畫，靠的是聖子奧體內狀似破裂的心靈，它下定決心，腳踏實地操練每天的寬恕功課，關鍵因素仍在於選擇那位「寬恕之師」。我們在前一課已經看到小我的寬恕手法乃是先把罪咎當真，然後故意視而不見；而耶穌這位正宗的寬恕之師，則想盡辦法讓我們明白，真正有待寬恕的問題始終存在心靈內，而且是我自己把問題藏在那兒的，因為唯有如此才能保全個體之我的存在。如今，我終於知道自己是有能力完成聖靈計畫的，因為祂會一步一步帶領著我從外在的問題轉向心內。這神聖的導師代表的，正是那偉大的修正原則（亦即救贖原則），唯有祂才知道如何化解那些根本不曾發生的問題。

(12:1) 已治癒的心靈放下了自己必須計畫的信念，縱然它並不知道什麼才是最好的結果，也不知道該如何進行，甚至認不出那計畫所要解決的問題。

心靈痊癒後，便會意識到自己其實一無所知，甚至為此而感到慶幸，不再傲慢地認為自己了解問題何在，更不會自作聰明地自行解決。反之，我們一旦認定自己知道需要什麼，必然會認定周邊的人甚至耶穌本人都應該怎樣回應我的需求才對，不知不覺落入小我的圈套。當別人沒有滿足我心目中的需求時，更有理由大發雷霆。由此可知，凡是十分看重自己的特殊性之人，是不可能真心求助的。值得慶幸的是，只要意識到這個錯誤，轉而向那位真實的療癒之師求助，內心的千鈞重擔頓時解除。從此，人間再也沒有什麼值得我們操心掛慮了，因為我們終於明白，擔心本身就是小我的伎倆，它要我們為心內的虛幻問題不停打造虛幻的防衛措施而瞎忙一生。

(12:2~3) 在它〔尚未痊癒的心靈〕認清上述事實以前，它的計畫必會誤用自己的身體。直到它接受了上述的真相，它才算真正的痊癒，把身體放下了。

除非我們承認自己一無所知，相信耶穌才知道一切，否則我們一定會誤用身體，而且勢所難免。因為我若抵制耶穌的愛，還認為自己比他更清楚狀況，內心一定會極度不安，那種罪咎感一直啃噬著心靈，令我不得不投射，所有的問題就這樣跑到你身上或我自己身上，我當然會力圖拯救，這就是「誤用身體」的深意。從此，那些具體的問題只會把身體變得真實無比，令我再也意識不到那不過是我把心內的咎弄假成真之後所形成的一種防衛機制。身體一旦成為現實的一部分，問題必然

層出不窮，我們會更加嚴陣以待，一刻都不敢鬆懈。

(13:1) 尚未痊癒的心靈為了拯救自己而奴役身體，為自己的計畫效命，一定會使身體生病。

　　尚未痊癒的心靈為自己設定的計畫，必然逃脫不出小我的**毀滅性寬恕**，只會著眼於形體層面的問題。難怪小我的身體一定會生病，因為這個有病的心靈背叛了聖靈，使身體淪為一具充滿罪咎的個體，這正是疾病的**本質**。有病的心靈必會將罪咎投射到身體上，身體別無選擇，只好默默承受由此生出的生理及心理症狀，構成了所謂的疾病。簡單地說，疾病其實發生在心內，卻由身體承擔其苦，好讓小我免受罪咎的折磨，這麼一來，心靈再也沒有自我修正的機會了。

(13:2) 身體自顧不暇，它〔尚未痊癒的心靈〕無法為一個超乎它能耐的計畫效力；然而救贖計畫卻需要身體提供短暫的服務。

　　這兒所說的「計畫」，就是救贖；救贖的工具則是寬恕，它成了我們在世的唯一任務。若要完成這一任務，只能靠改變心念或撤換老師，它與行為無關，和四處傳揚《奇蹟課程》更是兩碼子事。唯有祈求耶穌協助我們寬恕自己的特殊關係，我們才算參與了聖靈的救贖大業。

(13:3) 只要在它的能力範圍內，身體便能確保健康。

心靈只要不再受罪咎所苦，便不難意識到自己真的不是這一具身體，那麼它怎麼可能生病！故認清自己不是身體，變成了治癒身體的萬靈丹。確實如此，身體既不可能生病，也說不上健康；不論它呈現何種狀態皆然。

(13:4) 心靈若能在此範圍內發揮其用，身體勢必運作得無瑕可指，它會竭盡所能地完成你的託付。

當我的身體能在聖靈的指引下盡它一份力量時，不論有何狀況，它都能完成自己的任務。因此，我們永遠無法根據身體狀態來判斷一個人的心靈狀態。如果我們對眼前的現象小題大作，表示我們已看走了眼並陷入神智不清之境了，據此而下的任何結論通通必錯無疑。除非我們放下種種自以為是的判斷，從心靈層次的愛去看世界，否則沒有人能夠了解世界究竟是怎麼一回事。要明白，但凡活在世上，沒有一個人稱得上神智清明，不論我們在外表或人格上多麼不同，其實全是有病之人。但同時也要明白，只要不再縱容罪咎侵蝕心靈，身體不只會自然流露出愛，還能呈現出眾生所需的形式。接下來，如何避免再次落入**形式**與**內涵**層次混淆的錯誤？下面這一段話先前已引用過，它說得再明確不過了：唯有與救贖之**念**認同，才可能避開這一陷阱。我們自己的判斷如此虛假而醜陋，壓根兒無法與慧見相比，因慧見絕不會以分別取捨的眼光看待上主之子的。故耶穌叮囑我們必須以聖子應得的愛來對待彼此；唯有這種愛才能減輕人心的恐懼，不會引發任何後遺症。我們來讀讀這精

彩的片段：

> 救贖的價值是無法靠它所呈現的形式來衡量的。事實
> 上，若要真正發揮大用，它必須以最有利於領受者的
> 形式出現才對。也就是說，奇蹟必須按照領受者所能
> 了解而且不害怕的方式呈現，才可能功德圓滿。但這
> 並不表示這種奇蹟就是他與上主交流的最高層次了。
> 而是說，他「目前」所能接受的最高交流層次僅止於
> 此。奇蹟的整個目標不外乎提昇人的交流層次，它絕
> 不會加深人的恐懼而降低了交流層次的。（T-2.IV.5）

(14:1) 想要在那些自編自導的種種計畫中，認清它們的目的不外是自衛而已，恐怕不是那麼容易。

在現實世界裡，真的不容易看穿那些自編自導的計畫僅僅是一種防禦機制而已。但有一點不容否認，我們在世上的每一個作為都會加強世界和身體的真實性，也必然和小我沆瀣一氣，存心否認深藏在心底的咎，同時把永存人心的救贖一併否定掉。

(14:2~4) 它們只是受驚的心靈為圖自保，不惜犧牲真相而使出的手段。有些自欺的伎倆，你還不難識破，因為它們否定真相的用意極其明顯。然而，很少人能認清「計畫」本身即是一種防衛措施。

別忘了，耶穌這番話是針對「**自編自導**的計畫」而說的，

這並非「該不該作計畫」的問題。只要活在人間，制訂計畫和照顧身體一樣，乃是天經地義之事，它們本身是中性的，其目的純看它們是為小我或聖靈所用而定。所以計畫本身不是問題，身體的狀況也不是問題，但若被小我利用，那問題可大了。一旦釐清問題之所在，修正起來就輕而易舉了。

(15) 慣於自行計畫的心靈，總想控制未來的發展。它不相信上天自會照料一切，它必須未雨綢繆。為此，人類的時間都以未來為焦點，而未來又受制於過去所得的經驗以及以前的信念。它看不見現在，只會根據過去的經驗所教它的觀念，自導自演它的未來。

　　這一段話涵括了世間所有的經驗。我們一生都活在小我內，根據過去的經驗而規畫未來，沒有一個計畫是純然出於當下的決定，也就是放棄小我而選擇聖靈的神聖一刻。確實如此，我們所做的每一件事都是基於過去。比方說，我今天不喜歡你，是因為你昨天對我說的那番話。既然時間只是幻相，那麼昨天發生的事跟今天又有何干？一點關係也沒有！除非我今天需要一個怨恨你的理由──因為怨恨你便能防止自己看到暗藏的自我憎恨。於是，「過去」隨時都能為「今天」的場景提供一個恨你的藉口。不僅如此，我若想證明自己多麼不堪一擊而且不是我的錯，同樣只需回顧一下，便會看到世上所有的人都難逃一死，這是天經地義的自然律，怎麼能怪我！眼看自己或親人面臨的死亡威脅，我當然應該未雨綢繆。不消說，這一

切全都建立在過去的知見上。這種思想體系最終的目的是要保存內心的罪咎感，而且必須把這一筆賬算在別人的頭上才行。

我曾經解釋過，若要了解世界的時間本質（過去、現在、未來），最好的方法就是從藏在心靈內的罪、咎、懼下手。小我將罪咎懼之念投射出去後才形成一個時空世界，它始終在傳遞一個信息：「我過去犯了逆天之罪，現在承受這個罪咎之苦，就不能不為未來的懲罰而擔心受怕。」罪咎懼/過去現在未來就這麼全連在一起了。只要接受其中一個，不可能不照單全收的。在日常生活中，我們會把它們說成不同事件或毫不相干的觀念，其實它們環環相扣，架構出以分裂和怨恨為樞紐的整個小我體系。

我每天所做、所想、所感或所計畫的一切，無一不是建立在過去的基礎上，然而，只要與耶穌攜手，我和耶穌的間隙當下便消失，我和上主之愛的間隙也迅即彌合了。分裂之念一旦解除，恨的思想體系頓時失去了立足之地，整個時空世界必也隨之坍塌。由此可知，只要接受了耶穌的教誨，即使制訂計畫，也不再是為了防範未來的可怕懲罰，因為我不再需要為過去贖罪了。故不論作何計畫，我的出發點都是愛，一心聽從聖靈的溫柔指引，除此之外，我什麼也不需要做。

(16:1) **由是可知，慣於自行計畫的心靈意味著拒絕改變。**

未療癒的心靈作計畫時，即「意味著拒絕改變」，因我們存心想把分裂變成現實而要別人為此負責。不僅如此，我也不

容許世界改變，因世界改變影射出我內心的改變，而我還沒準備放棄當初選擇小我的那個決定呢！耶穌在〈正文〉曾特別談到人類害怕改變的心態：

> 大部分的人都會小心護守著自己的理念，企圖保護原有的思想體系；然而，學習意味著改變。改變，對分裂中的人而言是非常可怕的事，因為他們無法想像那一步能夠療癒自己的分裂生命。他們通常會認為那一步只會加深原有的分裂，因為他們的第一個改變經驗就是分裂。你竊自相信，只要不讓任何改變來打擾小我，你就會平安無事。（T-4.I.2:1~4）

小我最深的恐懼即是：聖子終於意識到選擇小我是個錯誤，因而回心轉意，重新選擇聖靈。這是小我絕不容許發生的事，為此，它才會在心靈之外造出一具有形的身體，並讓它活在罪咎懼的世界。在這朝不保夕之地，當然需要一套精密的防禦計畫了。也為此之故，小我不會輕易讓我們放下受害者心態的，因為這一轉變必會產生骨牌效應——我們全面認同的小我最終非倒不可。

(16:2~3) 它的未來目標都是建立於過去經驗這一基礎上。所以，過去的經驗限制了它所選擇的未來。

至於我過去經驗過什麼等等細節並不重要，因為問題出在我認為自己才了解狀況。我會根據過去的經驗而認定問題出在

哪裡，有何需求，應該如何解決。故我的解決方案無一不是針對自己心中認定的問題。

(16:4~5) **它不明白，只有把握當下這一刻，才能保證一個與過去截然不同的未來，全然不受過去的舊觀念與病態信念所染。指望未來，發生不了任何作用的，因為在前導航的是你此刻的信心。**

　　「**當下一刻**」一詞，借用了六〇年代盛行於西方的完形治療之說法，《奇蹟課程》正是那段時間出現的。但請注意，在本課程中，「當下這一刻」是指**神聖一刻**，與完形治療所說的意思大異其趣。「神聖一刻」意味著我拒絕接受小我的罪咎懼，這等於否定了時間，直接跳脫身體的時空經驗。在神聖一刻中，即使我把注意力放回身體所在的時空世界，也不受罪咎懼所苦，既不必為過去的罪過內疚，也不再為可怕的未來擔憂。那一刻的我好似一個空虛的容器，盛滿了耶穌的愛。耶穌在課文中所說的「過去的舊觀念與病態信念」，指的就是「罪咎懼/過去現在未來」這個自成一體的系統。然而，只要進入神聖的一刻，我就不再擔心未來，因為未來根本不存在；過去也已經過去，我只會體驗到自己在**當下此刻**所選擇的愛。

(17:1) **你的種種計畫不過是企圖抵制真相的防衛措施。**

　　這兒預告了下一課的主題「生病乃是抵制真相的防衛措施」，其中根據的道理就是我們解釋過的「小我救恩計畫」。

我再簡單地總結一下，小我企圖保住我們有罪的這一事實，傳授我們一套防禦計畫，來隱藏這因罪而生的咎；這個罪咎恐怖得令我們坐立難安，不得不將防禦的火力轉移到投射，讓他人承受這個罪咎。然而，小我絕不會讓我們意識到「投射罪咎」的後遺症：也因此，我們再也無緣得知自己是上主之子這個生命真相了。

(17:2) 它們的目的只是挑出你所認同之物；凡是與你認定的現實不合的，你都視若無睹。

　　凡是證明自己是對的而上主是錯的，我們都會高聲附和：「是的，聖子已經和造物主分裂，他確實犯下了特殊性的罪行。」要知道，我們多麼享受特殊之我，就會多麼享受把罪咎投射給別人。凡是能證明罪在他人的，我們都樂於助陣；而與此相反的，我們必會全力駁斥，比方說：「我們全是聖子的一部分，沒有人有權利批判或定罪任何人。」這種立論顯然和小我的計畫背道而馳，因小我一生都致力於為我們鞏固個人價值，並讓他人背負罪名。故小我一旦聽到這類形上真理，便會急切地加以否認，或對它們視而不見、聽而不聞。

(17:3) 而你所挑選出的那一切毫無意義可言。

　　換句話說，我們存心忽略「上主是對的，我們全錯了」的種種證據之後，自然只會看到罪證如此確鑿而且就在某人身上。這種知見對我們顯得理所當然，但對上主而言，則「毫無

意義」，因上主眼中沒有分裂，更別說我們有什麼罪過了。

(17:4) 因為真正「威脅」到你的是那個實相，那才是你的防衛措施所要攻擊、隱藏、決裂、釘死的對象。

　　對小我而言，最大的威脅莫過於聖子改變心念，決心捨離小我而選擇聖靈。因為聖靈代表了心靈分裂之後猶存的記憶——「我們仍是上主創造的聖子，純屬靈性」。為此，小我不斷對我們耳提面命，切莫對罪咎及身體的防衛機制等閒視之，因它們能幫我們躲避天譴及罪罰之苦。當然，小我絕不透露這些防衛機制會讓心靈徹底遺忘自己還有改變的能力，因為我們隨時都可以捨棄幻境而選擇真相的。

　　下面這一段可說是最常被誤解的片段，奇蹟學員常常斷章取義，結果不只傷害了自己，還用它來攻擊別人。

(18) 你一旦知道了，過去、現在及未來所發生的每一件事，都是「那一位」處處為你著想的貼心計畫，你怎麼可能拒而不受？你很可能誤解了祂的計畫，因祂絕對無意讓你受苦。是你的防衛措施使你看不見祂正以愛的祝福光照著你的每一步路。即使在你自掘墳墓之際，祂仍溫柔地領你邁向永恆的生命。

　　小我最喜歡把這個說法照本宣科地套用在具體事物上，藉此凸顯自己的特殊性，而與現實衝突。要知道，天堂根本沒有這類具體的東西，聖靈既然代表徹底抽象的上主之愛，祂的計畫也絕不可能是具體的。但小我就是有本事，不只罔顧那些

與它潛在目標不相容的東西，還能轉為己用。不消說，小我的
潛在目標就是保住自己的特殊性，卻要他人為此負責。為此，
小我的首要之務即是把這些具體事物變得真實無比。第一百六
十一課就說了：「恨是十分具體的。」（W-161.7:1）它還說：
「形相世界就是為此目的而造出來的。」（W-161.3:1）因為我
們壓在潛意識下面的自我憎恨亟需一個投射的對象，好讓自己
把罪咎推到心外，故小我在它的計畫中不只造出一堆人，它最
屬害的一招就是把聖靈甚至上主也一併拉進它的具體計畫，藉
以鞏固自己的特殊性。

　　難怪，當我們一讀到這類具體的說法時，立即把一體不二
的理論基礎拋到九霄雲外，進而相信聖靈真會為具體的**我**制
定一個具體的計畫。其實，《課程》在他處也有類似的具體說
法，但耶穌同時會在文中親自為我們澄清，他之所以說得這麼
具體，只因他是針對一群自認為活得很具體的個體而說的：

　　祂會使用心靈所能了解的語言，利用它自以為面臨的
　　事件。（T-25.I.7:4）

　　由此可知，耶穌之所以使用這麼具體的二元語氣，實在是
因為我們深信不疑自己活在這個具體世界裡。我們一旦攀上了
救恩的階梯，便會逐步領悟，我們並非上主所愛的特殊個體，
而是唯一聖子的一部分。在本段課文中，耶穌所說的「計畫」
和前文說的「利益眾生之大計」一樣，直指聖靈修正小我分裂
計畫的救贖大業。

　　究竟來說，聖靈沒有計畫，上主更不會計畫。祂們若真作計畫，豈不暗示了聖子真有問題並且有待拯救？其實，**唯一**有待解決的問題，也不過是解除我們自己的錯誤信念罷了，因我們把分裂和罪的問題看得太嚴重了。因此，所謂聖靈的「計畫」，其實就是破解小我的計畫──企圖捏造一個令我們永不得解的問題。可別忘了，小我的計畫就是維護聖子的個體性而且永遠不讓它有回心轉意的機會。明白了這一點，我們更能體會聖靈救贖計畫的內涵，它必須反映出天堂的一體實相，令分裂沒有存在的餘地。故只要憶起始終存在心靈內的基督自性，那建立在天人分裂的小我思想體系便自動「修正」過來了。畢竟，個體性與一體性是無法並存的。同理，聖靈代表圓滿一體的記憶，只要融入祂愛的臨在，小我當下便化解於無形了。換句話說，我們不需要具體做什麼而跟小我一比高下，只要靜靜地領受真理就夠了。下面這一段引言為我們解說了，「化解」之道就是「什麼都不需要做」，前文雖已討論過，仍值得再讀一遍：

> 奇蹟本身一無所作，它只有化解的功能，旨在消除過去一切妄作對你造成的干擾。它不增添任何東西，只有解除的作用。（T-28.I.1:1~4）

　　為此，聖靈不需要什麼具體的計畫，「祂臨在人心內的愛」這個真理便足以化解小我。祂給所有人的計畫只有一個，就是當我們掉入小我的特殊性以及它為我們打造的具體計畫

時，只要我們求助，聖靈便會教導我們以不同的目光重新去看自己的特殊關係，這就是後面第一百六十九課所說的「救恩劇本」（W-169.9:3）。

〈正文〉曾說，小我永遠搶先發言，即使說得天花亂墜，卻永遠是錯的（T-5.VI.3:5;4:2）；而聖靈則代表了一切問題的終極答案（T-5.II.2:5）。小我搶著要說的，就是如何把夢境變得真實無比，也就是為了防止我們夢醒而折返天鄉的那個計畫。為此，小我才編寫出這種人生劇本，投射出一個時空世界，並以時空的具體假相證明天人分裂的真實性，同時也把聖子永遠打入了失心狀態。至於聖靈的計畫，祂只是教我們和耶穌一起正視人生，看清自己一生所作所為原來全都在保護自己的特殊性，我們所有的計畫也都是針對罪咎引來的死亡懲罰而未雨綢繆罷了。祂還告訴我們，即使活在小我的死亡計畫中，仍有個來自永恆生命的信息始終存在心靈內。總結來說，《奇蹟課程》的具體目標，以及〈練習手冊〉的具體練習，都只是協助我們去選擇那來自永恆聖愛的信息而已。

(19:1) 你目前對祂的信賴，可說是另一種防衛措施，只是它許諾給你的是一個平安無虞的未來，那兒沒有一絲哀傷，只有無盡的喜悅，它會使你的一生轉為神聖的一刻，即使身處於時間的洪流中，你仍衷心嚮往著那不朽的境界。

〈正文〉開始沒多久便藉著心理學的「防衛」概念，描述人心如何打造一個原本不存在的機制來應對原本不存在的罪咎

問題，而使得分裂變成一個不可否認的現實。耶穌在〈正文〉第二章也把救贖講成一種防衛機制；不同的是，救贖的防衛手法具有療癒的效果：

> 你可能保護真理，你也可能保護錯誤。你若先肯定了目標的重要性，就不難了解它的方法或手段。真正的問題在於「它的用意究竟何在？」……只有救贖的防護作用不會為你帶來後遺症，因為它的實踐方法不是出自你的手。……為此，救贖成了唯一不具雙面刃的防衛措施。它只會帶給人療癒。（T-2.II.3:1~3;4:1, 8~9）

《奇蹟課程》綜合出兩套防衛機制：一是小我的防衛，它先確立罪咎的存在，然後投射到別人身上來逃避罪咎的後果。另一是聖靈的防衛，它只是單純地告訴我們，唯有真相是真的，幻相純屬一個幻覺而已。〈正文〉第六章提到聖靈課程的第三課時，把聖靈的防衛總括為一句話「只為上主及其天國而儆醒」（T-6.V.三）。它告訴我們，必須先與所有人合一，然後和耶穌一起溫柔地觀看小我；這可說是最上乘的「防衛機制」。耶穌就這樣利用小我最愛的防衛心態，卻賦予了全然不同的意義。

(19:2) 別再防衛了，讓你此刻的信賴之心引導你的未來；如此，你這一生才會充滿意義，因為你會親眼看到自己的防衛措施想要隱瞞你的真相。

　　嚴格來說，世上不可能有真理，因為真理無法存於幻境。然而，若能透過寬恕之眼，識破小我的幻相，具體化解「罪咎懼/過去現在未來」這一整套體系，我們仍然可能在世上看見真理的倒影的。只要在神聖一刻融入耶穌的愛，分裂便無立足之地，表示不論我們做什麼都是發之於愛，故說：「別再防衛了，讓你此刻的信賴之心引導你的未來。」

　　話說回來，只要我們還認為自己是一個**特定**的個人，耶穌在我們心目中便成了一位**特殊**的神明，**特地**跟我們說話，而且給予我們一堆**特別**的指示。不少奇蹟學員都經歷過這段時期，然而，操練到了一定程度，自然會明白自己所接收的那些特別訊息一點也不重要，重要的是，他的指引讓我們感受到上主的愛，那種愛既不特別，也不具體。有過這種經驗的人，再也不會重視那些特殊信息，也不再有興趣探問未來的事。因為一進入神聖一刻而融入那抽象的愛，就不可能抱持未來的掛念——我明天應該做什麼？該找什麼工作？怎樣才能打造幸福的未來？這類具體的指引都顯得多餘了。因為一旦認同了耶穌的愛，過去的罪咎、現在的焦慮，以及未來的恐懼，頓時便煙消雲散了。

　　我說過，這並不意味著你不可作計畫，正常的人都會計畫；只不過，與愛認同之後的計畫，沒有緊張焦慮，一切好似水到渠成，你會以最大的愛心做出對自己以及周邊的人最有利的事。換言之，活在時空裡的你，當然凡事都得計畫，但發心

卻是源自神聖一刻那無罪無咎的心境。第一百八十四課這樣告
訴我們，縱然我們回到人間承擔某種責任，只要與耶穌同在，
他的光明慈愛自會滲透自己所做的每一件事。為此，我們所有
的計畫都不是為了緩解當前的焦慮或解決特定的問題，而是自
然地推恩，讓愛在時空世界裡現身（W-184.9,10），所以說：
「你這一生才會充滿意義，因為你會親眼看到……真相。」

(20:1) **沒有那些防衛措施，你本身便成了一道光明，上天會欣
喜地前來相認你這自家人。**

　　然而，守住我們的個體性和特殊性乃是小我的首要任務。
我們已經很清楚，它真正的企圖是要遮蔽天堂的光明。我們若
能不再被小我的防衛伎倆所蒙蔽，會看到什麼？不就是天堂
的光明嗎？只要揭開小我陰暗的面紗，光明自然照亮我們的覺
知，而且籠罩著整個聖子奧體。

(20:2) **它會按照太初之始為你制訂的原始計畫，領你邁上幸福
之路。**

　　當耶穌說「為你制訂的原始計畫」，並無意把你訓練成一
個明師或聖人，也絕不是幫你建立道場、讓人崇拜。他指的
是「太初之始」天人好似分裂的那一刻，上主的記憶隨著我們
進入了夢境那個「原始的救贖計畫」。我們一旦視自己為一個
特定之「**我**」，那麼，我們的心靈不但會誤解《奇蹟課程》抽
象的理論，還會把抽象的上主之愛具體化為某個人物或某個計

畫，也因而把這句話理解為有一位特別的耶穌為特別的「**我**」制定了一個特別的計畫。無可否認的，小我確實針對我制定了一個特殊計畫，其實就是我這一生的特殊關係，而且每一個人都是罪孽深重的加害者，只有我和那些同聲相應的人才是無辜的受害者。如今，耶穌要我換個角度去看小我為我制定的計畫。換句話說，聖靈若有計畫，也只是利用我自己打造的特殊關係充當祂的教室，教我用祂的寬恕慧見去重新認識一番。只要我願放下自己的判斷，這些特殊關係便在我的慧眼下痊癒了。這就是所謂的「原始的救贖計畫」，也是下面這段引言所描述的「特殊」的寬恕任務：

> 這是聖靈的慈悲知見下的特殊性，祂會用你所造的一切來發揮療癒的功能，不再傷人。祂賦予每一個人唯獨他才能完成的救恩任務，專門為他設定了一個角色。除非他找到自己這份特殊任務，完成聖靈指派給他的角色，否則便無法在不圓滿的世界重獲圓滿，整個救恩計畫就此功敗垂成了。（T-25.VI.4）

(20:3~4) **追隨你的人也會將自身的光明融入你的光明內，彼此相映增輝，直到整個世界都大放光明，洋溢著喜悅。我們的弟兄便會欣然放下那些嚇人又累人卻一無所用的防衛措施了。**

　　這一段話可說是由另一角度重申《奇蹟課程》的「一體」觀念。它是在強調，我們一旦選擇耶穌的思想體系，分裂之境便無以為繼了，因為他的愛處處體現了一體本質。於是，世界

當下便痊癒了，你會和耶穌一樣散發著真理之光，照亮整個聖子奧體。所謂「追隨你的人」，指的是決心與你作出同一選擇的人，而非奉你為偶像或對你言聽計從的那些人。耶穌的出發點永遠是整個聖子奧體，只要有一顆心靈從黑暗轉向光明，所有聖子便全都結合於同一心靈的同一光明之中。

(21) 今天，秉持著此刻的信賴之心，預想那一刻的來臨，因為這原是上主對我們的一個計畫。今天，我們敢肯定地說，上天早已賜給我們完成這一大業所需要的一切。我們無需步步為營，只需明白，自己一旦放下所有的防衛心態，真理便會蒞臨於我們的心靈。

然而，只要我們還相信自己是這一具帶有特定需求的特定軀體，當下便落回階梯的底層了。關於這一點，耶穌在〈頌禱〉一文說得更露骨：每當我們對聖靈提出具體的要求，這種「有所求」的心態（S-1.II.2:1），恰恰反映出自己正處在階梯那個位置（S-1.III.2:1）。當我們扶梯而上，愈來愈不受身體的牽絆，愈來愈認同心靈時，便會明白，此生只有一個需求，就是選對老師，跟他回歸天鄉，由小我的噩夢甦醒，憶起自己從未離開過天鄉的真相。這是全體人類共有的需求，就是這一個需求將我們結合為同一聖子。任何人只要滿全這一「需求」，覺醒的火焰便能徹照整個聖子奧體的心靈，溫柔、平安而且喜悅地籠罩著世上每一個人：

　　每當你忍不住想浪跡天涯，遠離自己內在光明時，不

妨提醒一下自己，你究竟想要什麼，並對自己說：

聖靈會將我領到基督內；除此之外，我還想去哪裡？除了覺醒於祂，我還需要什麼？

……聖靈會教你如何覺醒於我們的真相以及你的真相。這是你在時空世界唯一有待完成的任務。世界的得救全看你了。我把我的平安賜給了你。歡欣地領受我的平安吧！用它來取代世界所給你而終將索回的一切吧！讓我們把平安遍撒出去，好似一層光明面紗，覆在世界哀傷的臉上；如此，我們便能幫弟兄避開這世界，也讓世界避開我們的弟兄。（T-13. VII.14;16:5~10）

總之，只要我們還很看重自己的個體特質，心靈便會把這種具體需求幻化出一位寬恕的偶像。這原本並沒有錯，但當我們誤以為這就足夠了，便會滯留於階梯的底層。為什麼呢？因為耶穌好似親自幫我們打造了一個心想事成的幸福夢境，夢境一旦變得真實，我們就更難出離了。反過來說，如果我們能把如願以償的美好經驗僅僅視為一個過渡階段，一心矚目於更高的境界，就不至於陷身小我的天羅地網。這才表示我們的心靈已經準備好迎接真理的到來。

(22:1) 今天練習兩次，每次安息十五分鐘，放下那些無謂的計畫以及阻礙真理進入心靈的每個念頭。

正因為我們殫精竭慮想要解決的是一個不存在的問題，故說它是「無謂的計畫」。耶穌並非勸我們別作計畫，或不可為未來著想，這一點再怎麼重申都不為過。我們只需留意作計畫時的心態，如果充滿了緊張、恐懼、內疚和焦慮，表示我們正在進行一個「無謂的計畫」，只因我們的內心正在與一個莫須有的罪咎陰影抗爭，那麼，清白無罪且徹底無染的真相還有機會進入這種心靈嗎？

(22:2) 今天我們不再計畫，只是接受；如此，我們無需費心張羅，便能給予。

意思是說，在鋪排計畫以前，我們必須先選擇愛而且領受到愛。當然，這不是說耶穌直到此刻才給我們愛，事實上，他的愛始終都在。但我們早已習慣了逃避，當下才需要回頭領受。說得準確一點，只要清除了夢境裡的塵網，也就是令我們不敢張眼的罪咎懼，我們的心靈自然會體驗到愛始終都在自己內，一刻也未曾離開。

(22:3~5) 我們一定會領受到上天恩典的，只要這樣說：

自我防衛表示我受到了攻擊。唯有不設防，才會堅強，我會看到防衛措施想要隱瞞我的真相。

不消說，正是我的防衛遮蔽了自己的存在真相。

(23:1~2) 僅僅如此就夠了。如果需要計畫，自會有人告訴你的。

　　同樣的，耶穌在這兒既不是說我們不該計畫，也不是說我們會聽到某種聲音，傳送著什麼具體信息。雖然這種情形也有可能發生，但那種經驗本質上屬於一種內在的「知」，心中明明白白，這樣的做法或想法乃是出自最有愛心的決定。真正操練《奇蹟課程》的學員，會愈來愈容易分辨什麼是出於真愛、什麼是出於特殊性的愛，因為他們都知道，小我最擅長的，就是藉著一些慈念善行來掩飾內心隱藏的怨恨。

(23:3~4) 即使那並不是你認為需要的計畫，即使它並未答覆你自以為面臨的問題。其實，它們是在答覆另一類的問題，也就是那尚未答覆而亟需答覆的問題；而那終極答覆總有一天會降臨於你的。

　　這段話讓我們想起〈正文〉「最後一道未獲答覆的問題」那一節的最後一問：「我真的想要看見那**因為**是真相而被我否定的一切嗎？」（T-21.VII.5:14）說實在，我們真的非常害怕真相，故會卯盡全力抵制它的來臨。耶穌繼而告訴我們，若想向這個反問說「是」，「是」的內涵必然包含了「不是否」（T-21.VII.12:4）。也就是說，我必須誠實地面對那處處否定真相的小我體系，並且說：「我再也不聽它那一套了！」接著，還需針對自己具體的防衛伎倆誠實地說：「它們絕對不會帶給我平安幸福的，因為它們說的都不是真相。」總之，向小我說「不」的含意，包括了和耶穌同在，溫柔地正視小我，婉拒小我的禮物。由此可知，關鍵不在於我想要活在真理內，而是我

再也不要活在自己的幻覺中了。如此為真理掃清道路，那個終極答覆才會「降臨」人心的。不過，我們也已經解釋過，究竟而言，是我們迎向那個答覆，而不是答覆突然掉到我們頭上。

　　《奇蹟課程》之所以經常出現這類說法，只因我們確實感受到那個答覆好似從天而降。基督教有一句很美的祈禱詞，例如〈新約・啟示錄〉作為結束的禱詞：「主耶穌阿，我願你來！」（〈啟示錄〉22:17,20）。但我們要牢牢記住，終究說來，不是耶穌降臨於我，而是我該去找他。總而言之，迎接那「終極答覆」的不二法門，便是正視小我整套防衛體系，並且敢對自己說：「我作了一個錯誤的選擇，我再也不想承受它帶給我的苦果了。」

(24:1~2) 你所有的防衛措施會千方百計地阻擋你接受今天的恩典。你會在這單純信賴的光輝及喜悅中百思不解，當初自己怎麼會生出抵制解脫的那種念頭。

　　只要真正拜耶穌為師，必會對過去的選擇感到不可思議：自己怎麼可能笨到認為小我會比耶穌更有智慧！

(24:3~5) 天堂對你一無所求。只有地獄才會要求你付出極大的犧牲代價。今天的練習不會要你放棄任何東西的，你只是毫不設防地在造物主前活出自己的真相罷了。

　　這幾句話特別值得我們注意，因為許多宗教或靈修傳統仍然相信上主會對我們設定不同的要求。這種信念反映出小我

最初想和上主建立特殊關係時就已約法三章:「我們只要上繳
『保護費』,就能平息上主的義怒。」由此衍生出教會徵收的
「什一稅」,甚至要求信徒犧牲受苦這類的教規。最起碼,他
們要服從神的誡律,奉獻個人的時間,參與教堂的禮拜等等。
可以說,這些教規全都建立在「我們是罪人」的前提上,也全
都屬於上主要我們為罪付出的種種代價。事實上,上主對我們
只有一個「要求」:從夢中醒來,因而領悟自己從未離開天鄉
一步。至於「犧牲」的神學觀念,也只可能來自小我的地獄,
與上主一點關係都沒有。

**(25:1~4) 祂始終記得你。今天,我們也要記得祂。因這正是你
救恩中的復活佳節。你在狀似死亡及絕望之地重生了。**

　　先附帶說一下,海倫筆錄這一段話時,並非在復活節而是
嚴冬時分。在《奇蹟課程》中,「復活」這個概念和肉體或形
式沒有任何關係,小我卻想盡辦法把它與身體連結起來,難怪
基督徒這麼重視耶穌受難與復活的宗教儀式,因它們證實了罪
的存在和身體的真實性。反之,《奇蹟課程》的復活觀直接指
向心靈由死亡之夢覺醒,如此而已。

　　簡單地說,復活就是克服或超越死亡。是再度覺醒,
或是重生,它顯示出心靈已經改變了它對世界的看
法。復活就是接受聖靈對世界存在之目的所作的詮
釋,它等於是親自接受了救贖。它結束了苦難之夢,
欣然覺醒於聖靈的最後一夢。它認出了上主的種種恩

賜。（M-28.1:1~5）

　　耶穌要我們好好正視小我的十字架噩夢，向小我和它的痛苦及死亡之夢作出「不是否」的回應：「這不是我要的禮物！」我們需要這一否認，才可能真正牽住耶穌的手，走出絕望的夢境。復活不過代表了重生的希望。無庸贅言，在小我的體系內沒有希望，只有死亡。

　　下一句課文好似在回應前面第十段的最後那一句：「你沒有治癒它，反而奪走了它痊癒的希望，因你不知道應把希望置於何處才會得到真實的治癒。」我們一旦展開保護或拯救身體的計畫，不只會把身體弄假成真，同時還否定了心靈最關鍵的選擇能力，而那才是唯一希望之所在。本課已到結尾了，卻再度把我們帶回一開頭就提到的那種絕望心情，因為狀似真實的身體，時時刻刻等待我們拯救。因此我們務必小心，切莫把聖靈當成一位在世神明，而且和我們一樣具體。我們之前已經說過，縱然這個觀念是我們剛剛開始攀登階梯時應該抱存的信念，但我們大可不必被這個信念困在階梯的底層。聖靈之所以能夠療癒，**只因祂活在我們心內**，不斷提醒我們重新選擇，如此而已。故我們真正的希望僅僅繫於心內的抉擇者，只有它有能力捨棄小我而選擇聖靈。

(25:5) 如今，希望之光會由你的心中再度燃起，因為你已放下了防備，開始學習接受你在上主計畫中的角色。

　　請記住，任何防衛手法都離不開身體，這是本課的要旨。直到我們放下防衛，才表示我們晉升到階梯的某一高度，不再需要與身體或特殊之我認同，轉而意識到愛**才是**自己的心靈真相。從此，舉手投足皆由心中的愛出發，寬恕了所有特殊關係，並且接受救贖，我們才算完成了此生的任務。總之，這一轉折和外在表現得如何沒有關係，關鍵就在於撤換心內的導師，唯有如此，我們才可能真正寬恕而不再定人的罪。

(25:6) 當你由上主的天音接下自己的任務之後，你豈會珍惜其他的無聊計畫或那些純屬怪力亂神的信念？

　　再叮嚀一次，我們此生沒有什麼具體的任務，至少不能靠作為來斷定**它**。雖然感覺上很具體，只因我們寬恕的對象很具體，但寬恕的過程並不發生在你我之間，而發生於自己的心內，那也是耶穌所在之處。

(26:1) 試著不要按照你認為最有益的方式來安排這一天。

　　所謂「你認為最有益的方式」，就是指今天滿全了多少自己的特殊需求。為此，耶穌不僅在今天的練習，也在所有操練中再三提醒我們，特別留意小我的秘密計畫，它處心積慮地保護我們的特殊性，防止心靈作出相反的選擇。小我的計畫永遠都是「鞏固一己的個體生命，把帳算到別人頭上」，難怪我們只要張開眼睛，必會看到造成自己種種不幸的所有原因全都來自於身外，使得聖靈的修正也被推到身外，無法落實於心靈。

(26:2~5) 因那些不經你計畫而降臨的種種幸福絕對超乎你意想之上。今天好好地學習。全世界都會跟你邁出一大步，與你共度這一復活佳節。在這一天，若有任何無聊俗事快要激起你的自衛心態且慫恿你謀策計畫時，記得提醒自己，今天是個特殊的學習日子……

　　一如往常，耶穌又在課文的結尾叮嚀我們，要隨時隨地把今天的練習應用在生活上。尤其是我們開始擔心失落特殊價值或特殊身分的那一刻，就應立即識破小我的伎倆，看清問題的真相，而且還要特別留意自己在患得患失的心態下所編造的保護措施，便不難看清，我是如何說服自己和他人，甚至不惜動員盟友來鞏固特殊之我的價值的。請記住，耶穌毫不在意我們為了存活而必須進行的日常規畫，他只關注我們規畫時的**起心動念**，要我們警覺自己是否又在保護個體性而故意壓制或躲避焦慮，使問題永不得解。

　　最後，讓我們跟著耶穌默念這一段話來結束今天的功課：

(26:6~8) 這是我的復活佳節。我願保持它的神聖。我不再自我防衛了，因為上主之子無需以自衛來抵制自己的真相。

　　只要真心追隨耶穌，我們便會在他的愛內潛移默化，繼而憶起生命真相。最後是靠「我們是同一生命」這個一體意識而攀登階梯盡頭，直奔天鄉的。我們在人間的種種差異其實非常膚淺，因為表相背後的我們全都活在同一個小我內，也都在面

對「抵制小我」的同一挑戰。比如說，對於所愛的一群人，便會用比較友善的方式來保護自己，但對於看不順眼的另一群，就很容易嘴下不留情了。說到底，我們全都在做同樣的事情。切莫忘記，特殊的愛和特殊的恨，外表看來似乎極其不同，目的卻全然一樣，都是為了保住心內的罪咎而把帳算在別人頭上。若能認出所有小我的同一本質，便不難憶起唯一聖子的一體生命了。當我們不再需要自我保護之後，神聖的心靈便從小我的罪咎地獄中復活了。

第一百三十六課

生病乃是抵制真相的防衛措施

　　本課不只針對疾病作了精闢的解說，更可貴的是，它全面概述了人類抵制真相的伎倆，所以可說是整部〈練習手冊〉的重頭戲之一。此刻，我再簡述一次小我的陰謀：它先認定我們真的犯下逆天之罪，理所當然應該內疚；接著，它傳授我們擺脫罪咎的伎倆，將罪咎投射於外。如果投射到別人身上，就成為一種攻擊；倘若投射在自己身體，則構成了疾病。從此，不論我在他人或自己身上看到罪咎的影子，一概不記得它們原本來自心內，小我的失心大計便這樣得逞了，使我們再也無法重新選擇真理。

　　因此，本課的主題雖是疾病（尤其是後半部，更是多所著墨），但我們無妨把「疾病」一詞換成「判斷」、「憤怒」、「沮喪」、「焦慮」，或任何一種特殊問題，套用為「XX乃是抵制真相的防衛措施」，也一樣順理成章。凡是需要我們特別費

心或設法解決的問題，它們的**內涵**全都一樣，不論問題呈現的**形式**多麼不同，無一不是小我的伎倆，企圖將我們的注意力從心靈轉移到外界，令我們再也想不起真正的問題始終在自己心內。由此，我們不難了解，自己為何老是拿現實問題求助於耶穌或聖靈；祂們若真的出手相助，表示人間確實有問題，不但印證了世界的真實性，我們也更有藉口忘記真正的問題和解決方案始終都在自己心內。

(1:1) 唯有了解疾病的企圖的人，才有治癒的能力。

我先舉出〈正文〉和〈教師指南〉當中的三小段來印證這個觀念：

> 疾病不過想要證明：你是可能受傷害的。它見證了你的脆弱、易受傷害，而且亟需外來的指引。小我以此作為你亟待它指引的有力說詞。（T-8.VIII.6:1~3）

> 若想獲得療癒，我們必須先了解疾病幻相的真正企圖所在。缺了這一認知，是不可能真正療癒的。

> 當受苦的人不再看重痛苦的價值時，他就自然痊癒了。誰會甘心受疾病之苦？除非他認為痛苦能帶給他某些好處或某些價值。他一定認為這小小代價能為他換來更有價值的寶貝。生病是出自一種選擇、一種決定。（M-5.1:1~2;I.1:1~4）

　　可還記得《奇蹟課程》一句名言：目的就是一切。唯有了解某件事的目的所在，我們才知道如何對症下藥。為此，理解小我的基本策略極其重要，說穿了，它的目的就是讓我們沉溺於身體，忘記自己還有心靈。除非真正了解「疾病的企圖」，否則我們根本不可能真正痊癒。要知道，疾病並非不請自來，也不是疾病選擇我們，而是我們選擇了疾病。

(1:2~3) 因他會了解那一企圖毫無意義。它既無真正的起因，動機又極荒謬，根本就不可能存在。

　　〈教師指南〉告訴我們：「所有的疾病都是為了同一目的，因此它們實際上是同一回事。」（M-5.III.3:2）所謂疾病的目的，無非就是幫心靈擺脫罪咎的壓力。但事實上，那個罪咎感根本是無中生有，故小我的防衛實屬師出無名。既然罪咎是疾病之**因**，罪咎若不存在，那麼罪咎的**結果**（疾病），也只可能是一種幻覺；這和「我們相信自己與上主分裂了」一樣，都是無中生有。如同〈正文〉所言：

　　　所有疾病都出自分裂之念。但只要你一否定分裂，疾病便消失了。它會消失的，因為構成疾病之念已被療癒，你已恢復清明的神智。你才能看出罪和疾病之間的因果關係，而且意識到自己一直想把這關係壓到潛意識下，蓄意迴避理性的光照。（T-26.VII.2）

　　換句話說，如果疾病只是為了證明我們真的有罪，而事實

上我們絕不可能與上主分裂，那麼罪就失去了存在之因。罪若是無中生有，那麼抵制罪的措施便顯得無比荒謬了。正如莎士比亞名劇〈李爾王〉那句經典臺詞：「虛無只能生出虛無！」（Nothing will come of nothing）這可說是世界和身體的最佳寫照。問題是，我們已經把罪當真了，因此不能不抵制這個事實，而抵制的手法就是讓自己生病。如此一來，虛無之因又再生出虛無之果，接著還得仰賴虛無來保護。

(1:4) 一旦看清這一真相，治癒就自然發生了。

真相就在於：疾病不過是因為相信分裂而形成的一種後遺症而已。既然疾病與身體無關，療癒自然也與身體無關了。疾病呈現於身體的具體症狀，也只是心靈病態的分裂之念投射出來的幻影。由於**觀念離不開它的源頭**，構成生理疾病之念自然也離不開它的源頭，亦即天人分裂的信念。故可以這麼說，療癒必會化解疾病，這和「救贖足以化解分裂」，以及「真相會自動化解幻相」，都是同一道理。總之，療癒的關鍵在於心靈改變自己對真相的誤解，也因此，只需把分裂之念換成救贖之念，就不必在身體大費周章了。下面這段〈教師指南〉引言把療癒的真相說得不能再透徹了：

> 你對疾病的一無所用有多深的體認，就會得到多深的治癒。人們只需要說，「這件事對我一點好處都沒有」，他就痊癒了。但除非他先認清下列事實，否則他不可能說出這一番話的。……這是心靈的決定，而

非出自身體的層次。如果疾病只是一種錯誤的解決方案，表示它屬於一種決定。既是一種決定，表示它出自心靈，而非來自身體。……疾病乃是心靈為了某種目的而利用身體所作出的決定，這一認知乃是療癒的基本要素。不論哪一種療癒都缺不了這一認知。……若要完成知見上的這一轉變，需要具備什麼條件？它唯一的條件就是體認出疾病乃是出自心靈，與身體毫無瓜葛。（M-5.II.1:1~6;2:1~2;3:1~2）

(1:5) 它會以同樣的方式驅除那些無意義的幻相，也就是將所有的幻相一併帶到真相前，任其自然消失。

　　也就是說，要把幻相帶入真相，切莫反其道而行。我們若請耶穌解決現實問題，無異於將他的真理拉進自己的幻境中。雖然我可能覺得上天助了我一臂之力，但真正受惠的其實是小我，因為那樣等於聲明自己的不幸確實是外界引起的，也因而強化了世界和身體的真實性，再度鞏固了天人分裂的幻覺。因此，耶穌要我們把這些幻相帶到心靈層次，看清問題不在自己的身體或他人的疾病，而是心靈選擇了小我的緣故。疾病好似影射出小我告訴我們的都是真相，其實問題只出在自己「相信」了小我所說的那一套。故我們只需明白身體的幻相僅僅是心靈的幻覺，抉擇者便有了修正這個錯誤的機會——只要將小我的黑暗內幕帶入聖靈的光明境界，療癒乃是必然的喜劇結局。我們來念一段〈正文〉的說法：

救贖只是將不聖之物帶回神聖之境而已，也就是將你
營造的自我帶到你的本來真相前。聖靈的唯一任務，
即是將幻相帶入真相，將小我帶到上主內。（T-14.
IX.1:3~4）

(2:1~2) **生病不是偶發事件。它和所有的防衛措施一樣，都是
一種神智不清的自欺伎倆。**

　　「**神智不清的伎倆**」的另一個別名就是**怪力亂神**，《奇蹟
課程》把所有企圖解決不存在的問題之伎倆一律歸為「怪力亂
神」。疾病同樣屬於「一種神智不清的自欺伎倆」，因為它騙
我們說：「身體出了問題，亟需解決。」因此，凡是治療有病
之身的方法，也全都屬於怪力亂神：

你若接受各種物質性的身體療法，就等於再次重申怪
力亂神的運作原則。（T-2.IV.4:1）

　　怪力亂神其實是一種自欺，因為問題根本不在有病的身
體，而是心靈生了病。除非我們清楚意識到自己還有心靈，否
則我們哪有可能識別這顆有病的心靈也是一個幻覺而已。由此
可知，在小我的整套失心計畫中，疾病可說是最具體、又最能
讓人死心塌地把一生心力投入身體的一種伎倆。

(2:3~5) **它的目的和其餘的防衛措施同出一轍，不外乎隱藏實
相，攻擊它，改變它，視它無用，故意誤解扭曲它，甚至把實
相支解為一小堆互不相屬的碎片。所有的防衛措施都是為了防**

止真理回歸它的完整。它將每一部分都視為各自為政的個體生命。

這一段話可由兩個層面來理解。首先，我們相信自己的身體是由一堆「互不相屬」的器官或生理機制構成的。順帶一提，這也是西醫經常遭到的批評──只會治療身體的某一部分，比如肝炎或骨折、胃病或頭痛，而無法治療整個身體或整個人。其次，一旦認定問題是出在**這一具身體**，那麼，不論我是從整體去看身體或是著眼於某個部位，都顯得無足輕重了，因為這具身體在我們心目中不只和別人的身體截然不同，它跟我們平素想都沒想到的心靈更是扯不上關係。

上主之子原是一個不可分割的靈性，這才是他的生命真相。自從他打造了一個不斷分裂的宇宙夢境，他在世上自然只會看到一群互不相屬的個體，每個人都好似一個獨立的小宇宙。我只需好好照顧自己，別人的遭遇無關緊要，因它影響不到我。這讓我想起英國詩人約翰‧多恩（John Donne）的名言：「沒有人是孤島，沒有人能夠全然靠自己而活。」（No man is an island, entire of itself）小我卻要我們相信「上主之子已經支解為億萬碎片」，企圖藉此否定靈性生命的一體真相。從此，所有的人在我心目中都成了毫不相干的身外之人，每具身體內的生理系統也都各自獨立運作。難怪我們會說，胃不舒服、喉嚨痛，或者恐慌症又發作了，如此，正中了小我的下懷，它最希望我們著眼於具體症狀了，因這恰好反映出分裂的

真實性。所以才說，疾病乃是強化分裂現實最有力的佐證，這正是我們生病的目的所在。

　　接下來，耶穌暫時打住疾病的解說，開始討論一般性的防衛機制，為我們描述小我是怎麼一步一步完成「失心大計」的伎倆。

(3:1~2) 防衛措施絕不是無心插柳，在你不知不覺中造出來的。當真相好似威脅到你所執著的信念時，它們就成了你手中揮舞的神祕魔術棒。

　　打個比方，當你愈來愈信任耶穌的教誨，愈來愈精進地操練，對耶穌的臨在也愈來愈深刻，自然凡事不再倚靠自己，因為你意識到自己的判斷並未帶來快樂，求助耶穌反而帶來平安；而且，只要甘心認錯便能逢凶化吉。縱然如此，小我仍會不時在你耳邊嘀咕：「你若繼續聽信耶穌那一套，遲早會失去你的個體性和特殊性，終將落得一無所有。」一聽到這類恫嚇，我們便會驚慌失措地跟耶穌保持距離，回頭尋找小我，繼續與罪咎懼、攻擊、疾病沆瀣一氣，並且深信這才是最安全的自保之道。下面這段引言我們曾經引用過，充分道出了我們拒絕小我之後害怕受到報復的心理：

> 你只要與我結合，小我便無法從中作祟，因為我已徹
> 底棄絕了小我，不可能與你的小我同流合污。因此，
> 我們的結合便成了你棄絕小我的捷徑。我們共有的真

相也非小我所能動搖。……途中，若有恐懼侵入我們
的平安，表示小我企圖加入我們的旅程卻無法得逞。
小我會深感挫折而惱羞成怒，設法為自己遭受拒絕而
伺機報復。（T-8.V.4:1~3;5:5~6）

這種報復必會迫使我們起身防衛，而疾病正是小我最愛施
展的武器了。

感覺上，這類防衛性的反應好像是**不請自來**。但我們馬上
就會看到箇中原委：我們只要一意識到耶穌愛的信息可能引發
的「不祥後果」，當下便會棄他而去。隨之而來的必是鋪天蓋
地的罪咎感，只因我們再次拒絕了上主的愛，定會勾起自己曾
幾何時背棄了上主的那個記憶，令我們不得不把這罪咎壓抑下
去，並且投射給別人。這就是為什麼我們會看到「外界」突然
出現一堆麻煩，表示小我又在揮舞它那「神秘魔術棒」了（所
謂的外界，包括了他人、環境、天氣、戰爭，以及自己的身體
等等）。其實小我並不在意那些問題的形式，只要能把我們的
注意力轉向外界，且視之為煩惱的起因，小我抵制真理的計畫
便得逞了。

(3:3~4) **只因你發動防衛措施時乃是瞬間之事，故顯得像是一
種無意識之舉。其實，在你決定的那一瞬間，你完全清楚自己
的意圖所在，然後又進一步將它想成別人對你做的事。**

這段話不僅說明了我們是如何打造出世界的，更影射出我

們每一個人仍在日復一日地打造自己的世界。從這個角度來講，《課程》的宗旨就是要把我們帶回自己企圖壓抑或遺忘的「那一瞬間」，給予我們一個重新選擇的機會。除非我們能夠回到過去向上主說「不」的那個節骨眼上，否則，僅僅改變某個想法根本沒有意義。我們當初就是為了追求個體性及特殊性而不惜捨棄上主的，因此，必須回到那決定性的一刻。那一刻和世界的時間無關，因為當下這一刻和原初那一刻其實是同一刻。可還記得〈正文〉這一段所說的：

> 每一天，每一分鐘，每一瞬間，你不斷重溫那恐怖的
> 時間幻相取代愛的那一剎那。（T-26.V.13:1）

　　若想評定自己在奇蹟道上進步多少，就看我們能夠多快縮短「現實人生的**苦果**」和「原初拒絕上主的那個**起因**」兩者之間的距離。耶穌知道我們並不真想牽起他的手一起走出夢境，反而不斷想將他拉入夢境，幫我們編織一個平安幸福的美夢。耶穌在此提醒我們，沒有一件事是從天上**掉到**自己頭上的，全是我們**自己**幹的好事。故說：「其實，在你決定的那一瞬間，你完全清楚自己的意圖所在，然後又進一步將它想成別人對你做的事。」也就是說，為了保住自己的特殊性，我們不惜拒絕耶穌的愛，卻把這筆賬算在別人頭上。

(4:1) 是誰在評估當前的威脅而判定自己必須逃避，並且建立一連串的防衛措施來減低那已被你弄假成真的威脅？

這兒的「你」，當然是指抉擇者，而非我們心目中的這個
「我」。被妄念蒙蔽的抉擇者必會擔心自己一旦選擇耶穌，他
的愛勢必威脅到自己的特殊性，因而想方設法地逃避。這句
課文可說是「自我概念與自性之別」那一節的濃縮版（T-31.
V.10~13），耶穌在〈正文〉中要我們特別留意「抉擇者」，是
它為我們打造出「我既有罪又是無辜受害者」的雙重形象。這
個抉擇者不過是我們當初「選擇了小我許諾的個體生命，並因
而拒絕聖靈的救贖」那個原始決定所烙在心靈內的一道疤痕而
已。下面這段引言就指出，「你是有罪還是無辜的」這類自我
概念都是出於那一部分的心靈：

> 那麼，最先作此選擇的究竟是誰？……而且還因你作
> 選擇的同時即已放棄了其他的可能性。……在自我概
> 念形成之先，必然還存在另一東西，而自我概念只是
> 那個東西所學來的結果。（T-31.V.12:6~7;13:2~3）

「那個東西」，指的就是抉擇者。

**(4:2~3) 這一切不可能是無意識的舉動。而是後來，你的計畫
要求你必須忘卻自己是始作俑者，使整件事變得好似與你的意
圖無關，也不是你的心念所能左右的；你不只影響不了它，它
反而會在你身上造成極其真實的後果。**

「遺忘」，乃是小我計畫中不可缺少的一環，只因我們若
敢回顧自己所作的努力，便會發現，愈想逃避恐懼，愈會陷入

更深的恐懼，遲早會意識到此舉簡直是神智失常。疾病就是最瘋狂的例子，它企圖用身體來解決心靈問題，也就是因咎而生的恐懼；事實證明了這不僅是異想天開，而且徹底無效。我們一旦憶起自己只是因為害怕上主復仇而棄守心靈，躲到一具註定毀滅的身體內，必會看出這種防衛機制的荒謬，因而甘心放手，不再防衛。

正因為小我的思想體系如此荒謬，故它不能不設法令我們遺忘其中內幕；難怪聖靈的計畫也只是幫助我們憶起自己所做的事就夠了。所謂牽起耶穌的手，不過是和他一起揭發小我的陰謀，看清內幕罷了。最具體的方法，就是隨時隨地覺察自己是怎麼一步一步掉入小我那些無用的防衛機制的。一旦意識到那些怪力亂神根本解決不了問題，並且切身感受到判斷與疾病所帶來的痛苦，我們必會痛定思痛，轉身接受救贖。

(5:1) 正因你如此快速地忘卻了你是營造這一「真相」的始作俑者，你才會對自己的防衛措施裝出一副束手無策的模樣。

我們心裡會這麼想：「生病絕非我的選擇，必是某個因素或某人害我生病的。」不論我怪罪於病毒或某人的邪惡意圖，都毫無差別，只要讓我相信自己是「果」、外物是「因」，小我的計謀便得逞了。我之所以故意遺忘這是自己設定的計畫，還暗自為這些煩惱、疾病，甚至死亡感到慶幸，只因它意味著我終於脫罪了。諸位可還記得這句令人不寒而慄的奇蹟名言：

「看看我吧，弟兄！我是死在你手中的。」（T-27.
I.4:6）

(5:2) **然而，只要你願意回顧一下那隱藏在雙重遺忘下的決
定，你便會憶起自己存心遺忘的一切。**

　　我們若遺忘了這是小我的計謀，自然會感到束手無策。
難怪耶穌說小我的計謀「只騙得了人間笨蛋」，但「騙不了上
主」，因為聖靈始終存在我們心內（T-5.VI.10:6）。我們所能做
的，就是終於承認自己那一套計畫解決不了任何問題，才可能
改選聖靈「化解小我」的計畫。為此，促使我們真心學習這部
課程的動力，不只是痛苦或不快樂而已，還必須意識到這些不
幸全出於自己的選擇，和任何人或外境無關。所以說，我們得
先「願意回顧一下那隱藏在雙重遺忘下的決定」才行。話說回
來，如果我們始終活得失心失憶，根本不知道還有一個抉擇
者，那就回天乏術了。

　　因此，修持奇蹟最基本的要求就是：回到曾經作出錯誤選
擇的抉擇者那兒，才有解除錯誤的機會。至於「雙重遺忘」，
我先前已解說過，第一重屏障是心靈的罪咎，它令抉擇者不敢
選擇真理實相；第二重屏障是世界，它令我們意識不到內心
深埋的罪咎。整個世界只是一種遮掩罪咎的手法——只要在你
身上看到罪咎，我就無需面對自己心內的罪咎了。而心靈的罪
咎也在玩弄同樣的遮掩手法，讓我看不到自己的生命真相，不
僅如此，罪咎會令我坐立難安，最後不得不撤離心靈，使得先

前的決定再也沒有翻案的機會。我當初是為了保住自己的個體
價值而選擇與罪咎認同，這是出於我的決定，而非我的本來真
相。簡言之，第一道屏障藉著罪咎來阻止我選擇那始終存於心
內的上主之愛；第二道屏障則藉著世界和身體令我們意識不到
心內的罪咎，故也無從化解了。

**(5:3) 你若記不得真相，表示你仍受制於那個決定，你的欲望
在為它撐腰。**

　　我們記不得當初自己選擇了個體生命那個錯誤，只因我們
刻意隱瞞事實。換句話說，「遺忘」也是「我」的決定，而不
是因為生活壓力或身體老化的緣故，它等於一個無言的聲明：
「我要保住自己這個與眾不同的生命，但又不想為它引發的痛
苦負責，最好徹底遺忘這是出於自己的決定，如此才能諉罪於
他人。」

**(5:4~6) 不要誤把這一決定當成事實了。防衛措施不可能不對
你隱瞞真相。不達目的它是不會甘休的，因為這是它的本能。**

　　真正的「事實」是：我不是一個獨立存在的個體生命，我
是上主之子。這也等於重申了「分裂不曾發生過」這一救贖原
則；而人間所有的防衛措施，終究說來，都在防止我們憶起這
個事實真相。小我則不斷推出另一「事實」，它說我們在選擇
個體生命之際，已和上主一刀兩斷了。小我的所作所為無一不
是為了保護這個「真理」，防止我們改變主意。

　　小我為了徹底抹殺上主聖愛的一體真相，不惜編造罪咎懼的故事，把我們嚇成一個名副其實的「失心瘋」。它是這麼說的：「既然罪咎懼是個『事實』，我們也就必然難逃天譴的『事實』。」於是，為了逃避心靈之苦，我們不得不從心靈撤軍，打造另一個物質世界，隱藏在一具身體內。這個有形的自我便這樣變成一個「事實」──我的身體若生病或受苦，一定是別人對它動了什麼手腳。我們還會不斷收集受苦的經歷來證明身體的真實性，這等於是用一個沒有根據的「事實」來抵制另一個沒有根據的「事實」，令我們更難看清夢中唯一的「事實」──我們不斷重複錯誤的選擇只是為了抵制那終極真相。總而言之，《奇蹟課程》的一貫宗旨和本課的具體目標，都是要我們憶起自己所作的選擇，然後才能夠將它拋諸腦後。

　　在進入下段課文之前，我再針對「防衛機制」補充幾句。可還記得耶穌屢屢強調「目的就是一切」。例如他在〈正文〉多處都曾提過，凡事不要忘記反問自己一句：「它的目的何在？」（T-4.V.6:7~10;T-24.VII.6;T-29.VI.5）毫無疑問，唯有徹底明白自己的目的，才可能了解自己為什麼這麼做，自己究竟在防衛什麼。既然真理之境徹底抽象、非具體，而且是一個不可分割的整體，那麼，小我若要確保抉擇者永遠無法回心轉意而選擇聖靈的話，最有效的抵制手段就是打造一個和真理之境完全相反的形相世界，再把所有具體的細節串聯成一堆原本不存在的問題，然後讓我們投入一生的精力設法解決。正是這套

天衣無縫的防衛機制，成功地屏蔽了人類唯一的問題，那就是心靈誤選了小我。

(6:1) 每個防衛措施都是從整體中取一些碎片，卻完全不按照它們原來的真實關係加以重組；這樣組成的整體只是一個幻相，不可能真的存在。

「防衛措施」使得原本並不存在的問題顯得真實無比，而且還能自圓其說。本課把那些問題與防衛機制都套用在疾病上：小我先慫恿我們把痛苦局限於一具看起來實實在在的身體，然後把所有的不適感全都和身體緊緊掛鉤，於焉形成了疾病；如此一來，所有治病的妙方自然也非得針對身體不可了。自此，我們再也意識不到真正的問題原是出自心靈，一切只因它選擇了小我。下面這段引言雖然談的是特殊性之夢，道理完全一樣：

> 特殊性作出的每一個夢都讓你吃盡苦頭，不論那夢以何種形式演出，不論它裝扮得多麼動人，不論它多麼慎重地給你一些平安的希望，使你免受罪罰之苦。在夢裡，因果常常顛倒，夢者相信自己在夢中營造的一切都是莫名其妙發生在他身上的。他毫不明白，那是他自己東拉一根線，西扯一塊布，無中生有地編織出來的景象。夢中的情節未必連貫得起來，整個夢境也無法賦予某個片段任何意義。（T-24.V.2）

(6:2) **真正構成威脅的是這一重組過程，而不是它所組成的後果。**

　　換句話說，我們心目中的那些具體問題，例如身體的疼痛、心理的創傷、日益變少的銀行存款，乃至世上的天災人禍，都不是真正的問題。最大的問題在於：我們決心與小我的分化伎倆認同。

(6:3) **當部分硬被扯離了整體，且被視為各自為政的個體生命時，它們的存在本身不只象徵著它對整體生命的攻擊，且還意味著計謀已經得逞，它們從此再也不被視為那一整體了。**

　　廣義來講，分裂的「部分」指的是聖子奧體看似分裂成的億萬生命；每一碎片都自視為完整的存在，而且獨立於其他生命之外；而一具具互不相干的身體，更成了分裂最有力的證據。然而，不論我認為問題出在自己或你身上，或者來自世界，那些苦果其實跟我具體的遭遇無關，它們只是反映當初的錯誤那個「事實」──我為了存在而不惜毀滅上主。因此才說，切身的痛苦「象徵著它對整體生命的攻擊」，故也成了罪咎的象徵。人類根深柢固的罪惡感，不是因為我做了什麼或者沒做什麼；正如我的憤怒也不是因為他做了什麼或者沒做什麼，是同一道理。那些感受其實源自心靈相信自己攻擊了上主。下面這一段〈正文〉為我們更詳盡地描述了小我如何將虛幻又荒謬的世界合理化，特別賦予支離破碎的世界一個統一的假相：

> 莫讓你的眼睛矚目於夢境，也莫讓你的耳朵為幻相作
> 證。它們原是為了去看那不存在的世界、去聽那不存
> 在的聲音而造出的。……眼睛及耳朵是毫無覺知的知
> 覺器官，它們只是向你報告自己的所見所聞而已。真
> 正在聽、在看的是你，不是它們；是你把那些本無意
> 義的片段，東一點、西一塊地拼湊成一個見證，證明
> 你想要看到的世界是真的。（T-28.V.5:3~4,6~7）

就這樣，分崩離析的世界假相直接推翻了圓滿完整的上主
真相，這正是小我利用疾病和憤怒來抵制真相的用意；個人經
歷及人類歷史一再證實小我的「計謀已經得逞」了。

**(6:4) 然而，你卻忘了它們只代表你心目中認定的真相，為的
是取代那原本的真相。**

短短一小段話道破了小我想要隱瞞我們的企圖。小我最害
怕的，莫過於心靈再次發揮選擇能力，決心放棄它而轉拜耶穌
為師，故它絕不能讓我們意識到抉擇者的存在。抉擇者乃是小
我的心頭大患，因它既能賦予小我生命，自然也能結束它的存
在，因此小我立即打造出一套防衛機制，架構成一整套的思想
體系，最終投射出一個浩瀚的物質宇宙，全部只為了掩蓋一個
事實：「自力更生」乃是我們自己當初的決定，後來衍生出來
的問題與疾病全都出於心靈這一選擇，和身體或外境一點關係
都沒有。

(7:1~2) 生病是出於你的決定。它不是不請自來、害你欲振乏力且吃盡苦頭的意外事件。

這個觀念乃是前半課的主旨，只是從本段開始，火力開始集中在疾病上。我們的世界只為了證明一個「事實」，即所有的遭遇都是外力加諸於我的，我的憂喜、健康或生病，均非我所能操控。其實，世界只是一道煙幕，企圖掩蓋心靈選擇與小我認同的那個決定，僅此而已。所有問題也全都出自於此，一旦看清這一真相，問題也就迎刃而解了。

(7:3) 它是當真相乍現於你錯亂的心中而使你的整個世界頓時搖搖欲墜時，你所作的一個選擇，你所想出的一個應對計畫。

「搖搖欲墜」的世界，指的就是被特殊性分割得支離破碎的世界，而這個由生理/心理構成的我，不過是選擇分裂的心靈所投射的陰影罷了。然而，每當我們決心拜耶穌為師，不再受問題表相蒙蔽而選擇聖靈的修正時，小我必會驚恐萬分，當即兇狠地反撲：

> 你的所作所為卻常蒙蔽了小我，尤其當你與聖靈互通聲息之時，那些經歷只會加深小我的迷惘。因此，每當你以愛心與人互動之際，小我很可能大肆攻擊你，因為它早已斷定你沒有愛心，而你竟然違反了它對你的評論。……這時，它的猜忌狐疑會頓時轉為心狠手辣，因為它反覆無常的本性會變本加厲。（T-9. VII.4:4~5,7）

不消說，個人的世界始終「搖搖欲墜」，隨時需要自保。難怪我們一感到招架不住時，就趕緊回頭去找舊日盟友，求助於小我思想體系：

> 罪的「美妙」，咎的「魅力」，死亡的「神聖」蠟像，還有你曾發誓絕不背棄小我因而怕它報復的心態，……（T-19.IV.四.6:3）

心靈選擇了罪咎之後，投射在自己的身上，就會生病；投射到他人身上，就會憤怒，認定對方不仁不義，絕不能讓他好過。我們先前說過，這一切都發生於「一瞬」，快得令我們轉眼就忘了問題其實出於心內，就只知道自己生氣、消沉或痛苦，完全記不得那些情緒是怎麼開始的，而讓一旁的小我竊笑不已。

(7:4) 此刻，你若病倒了，也許真相會知趣地離開，不再威脅你所營造的那個世界。

「你所營造的那個世界」，就是指我們企圖保護自己存活的那套防衛機制。此處的「真相」是指我們的**靈性**或生命實相。我們馬上就會讀到，這具有形有相的身體確實讓我們感到自己的存在與靈性毫不相干。

(8:1~2) 你怎麼會認為疾病能夠防止你看清真相？因為它證明了身體不是你的身外之物，那麼，真理必成了你的身外之物了。

　　這段話隱含了一個前提：身體和生命真相一點關係都沒有，因為真理是「非具體」的、永恆不變，而且一體不分，與充滿具體特質的身體恰恰全然相反。問題在於，如果身心之痛令我不能不與身體認同，而身體又不是真的，表示我也不可能真的存在了。小我這個推理簡直太厲害了，將我和生命真相一刀兩斷。

(8:3) 你受苦是因為身體會痛，就在這痛中，你與它結為一體。

　　小我不斷說服我們：我只是一具身體，不是心靈或靈性。我這個人，有名有姓，又有身分，外面還有一堆同類的人跟我互動，在在證明了我的存在。我們之前提過第一百九十課「我選擇上主的喜樂，我不願受苦」，有這麼一段話：

> 上主若是真的，痛苦就不可能存在。痛苦若是真的，
> 上主就不存在。（W-190.3:3~4）

　　這又回到「**非此即彼**」的原則了。我若想證明自己不是上主生命的一部分，只需要一點痛苦，便足以證明我和永恆不易且純然屬靈的上主是不同的生命。人間的血肉之身既是不可否認的「事實」，當然更影射出我不可能是上主的創造。痛苦得愈真實，我的基督身分便愈加顯得痴人說夢而已。

(8:4) 你就這樣保全了自己的「本來」面目；冥冥中你感到自己的生命也許大於這一撮塵土的奇特想法便被消音了。

「本來」一詞加了引號，是因為我真正的面目和這具身體一點關係也沒有。我們先前提過，耶穌常把我們的身體形容為「一小堆塵土」，可說是用心良苦，因為只要還自視為一具身體，就表示我們存心忘記那神聖的本來面目。

(8:5) 因為你看到，這撮塵土〔身體〕能使你受苦，扭曲你的肢體，停止你的心跳，將你打入萬劫不復的死亡結局。

活在世上，人人都得承受痛苦和死亡，它們好似證明了世界真的存在，而身體更是不容否認的事實。果真如此，我們的靈性真相也只可能是夢境中虛幻的一念而已。請別忘了小我整套防衛機制的唯一目的，就是令我們遺忘自己曾經作出放棄聖靈而選擇小我的那個決定。

(9:1~2) 由此可見，身體比真理還強大，要你活下去的真理戰勝不了你自取滅亡的抉擇。如此看來，身體也比永恆的生命更為強勢，天堂比起地獄反倒顯得不堪一擊，上主為聖子設計的救恩計畫就這樣被一個比上主旨意還強大的決定推翻了。

英國詩人華茲華斯（William Wordsworth）有一句膾炙人口的詩句：「**世界的誘惑不可擋。**」表面看來，世界強大到連上主都難以駕馭，如此「力不可擋」充分證明了小我再度戰勝天堂。請看看人類的輝煌成就，我們不只可以打造生命，還能毀滅生命。上主則無此能耐，祂只知創造生命，無法創造死亡。但我們卻會把自己拱上操控生死的神壇，從此有了操控生

命的能耐，影射出我們也能操控上主。由「一小堆塵土」揉捏而出的脆弱身體，就這樣一直在為瘋狂又自大的小我體系賣命演出。

「上主為聖子設計的救恩計畫」，指的就是救贖。我們已說過，真理實相中的上主從不作計畫，這句話不過是重申「上主的旨意就是我的旨意」這一事實罷了。上主的旨意和我的旨意這種「同一性」一舉化解了所有的分裂信念，包括「我們攻擊了上主、設法逃避懲罰」那套思想體系。

(9:3) 於是，聖子淪為塵土，天父的生命不再完整，渾沌無明從此君臨天下。

只要我們相信自己活在世上，必然相信上面這句話所闡述的內涵。確實如此，我們必已接受小我戰勝了上主這一事實，否則不可能相信自己的生命脆弱到只繫於一口呼吸，連自己的幸福也取決於別人施捨的小惠。這種信念等於**否定**了上主的存在，認為小我才是一切的主宰。這就是為什麼我們有時會聽到人們狂妄地說：「我就是神！」小我當然會情不自禁地歡聲回應：「對！我存在！因我戰勝了上主。」這就是罪的本質：

在小我嚴陣以待的防禦堡壘下，沒有一塊基石會比「相信罪是真實的」這個觀念受到更嚴密的保護了，上主之子重新打造了一個自我來取代本來真相之後，不可能不生出這一觀念的。對小我而言，這可不是什

麼錯誤。因為這是它存在的現實，它一旦成為「真相」，就再也無人能夠逃出它的魔掌了。這一信念構成了上主之子的過去、現在及未來。因他似乎已打垮了自己的天父，徹底改造了上主的心靈。他也許會為那已被罪處死的上主哀悼，而大快小我之心，因它已瘋狂到相信自己真能打敗上主的地步了。（T-19.II.7）

(10:1) 這就是你為自己設計出來的防衛措施。

我們都已看出，小我的策略編造得確實天衣無縫。只要我相信自己活在這具身體內，等於否認了心靈、否認了抉擇者；此後，即使我想要選擇也無從選起，因為聖靈無從提醒我另一種生命真相及生命源頭。難怪我只能隨著這妄自尊大的身體，在生死悲歡中沉浮，一生都在渴望滿足自己的特殊性。

(10:2~4) 你相信天堂會在你瘋狂的攻擊下知難而退，上主會被你的幻相弄得眼昏目盲，真相搖身一變成了謊言，整個宇宙被奴役在你的防衛措施的遊戲規則。然而，誰會相信那些幻相？只有製造幻相的人。此外有誰會把它們當成真相而與它周旋？

只要我還相信自己活在這具身體內，表示我們必已相信自己毀滅了天堂，這就是我們打造的瘋狂又自大的思想體系。唯有從夢中甦醒，才會看清過去的荒謬，因為只有瘋子才會把幻影當作現實。然而，只要仍陷於夢中，一切就顯得如此真實，因為那是**我們自己**想要相信的一套。幸好，上主根本不知道我們在作這麼愚蠢的夢。

(11:1~3) **上主對你存心改變他旨意的計畫一無所知。宇宙也不會服膺於你自以為是的人生法則之下。天堂不會屈服於地獄，生命也不會屈服於死亡。**

　　上主對我們的瘋狂夢境一無所知，這個觀念反覆出現於整部課程，此處只是其中一例。我們真該為此慶幸，因為上主若知道我們作的噩夢，表示小我不僅真的存在，而且完成了那不可能發生的事。也因此，「上主不知道我們的存在」可說是最有力的安心法門了。對小我而言，這種說法當然是莫大的侮辱；然而，在夢境中，它是最具有救贖力量的一念了，因它反映出「分裂不曾發生過」的救贖原則。耶穌這一番話與第九段課文所描述的小我信念正好相反——沒有一件事改變得了生命真相，上主永遠是上主，此外沒有生命可言：

> ……上主只知道「一」。祂只知道一個造化、一個實相、一個真理，以及一個聖子。有什麼東西能夠與這個「一」矛盾？……真理極其單純，「一」是沒有對立的。……真理既代表一切，必然一無所需。（T-26. III.1:2~4,8,12）

(11:4) **你有權利去相信自己是會死的，也能受疾病之苦，甚至還有任意扭曲真相的自由。**

　　不論我們多麼相信痛苦和死亡的存在，也無法將它們變成真的。耶穌在〈正文〉開始沒多久就說了，我們有拒絕接受天

賦遺產的自由，卻沒有改變遺產內涵的自由（T-3.VI.10:2）。也就是說，我們可以把小我當成寶貝，卻無法把小我變成真的。不論精神錯亂到什麼地步，也無法把幻想轉為現實：

> 你最多只能幻想自己能夠違抗天律，卻難逃天網恢恢。天律原是為了保護你而設的，和你的永恆保障一樣凜然不可侵犯。（T-10.in.1:5~6）

> 你並沒有攻擊上主，你仍是愛祂的。你怎麼改變得了自己的真相？沒有一個人甘願自我毀滅的。……你的自我形象可能面目可憎，這一怪異形象還可能讓你做出極具毀滅性的事。然而，那毀滅性並不會比那個形象本身真實到哪裡去，不論製造這偶像的人膜拜得多麼虔誠。偶像雖然不算什麼，卻能讓上主的兒女淪為病態的信徒。（T-10.III.1:1~3,6~8）

(11:5~8) 但是，上主的造化不受這一切所動。你的防衛措施企圖打倒那凜然不可侵犯之境。然而，凡是永恆不易之物是不會改變的。徹底清白無罪的人是不可能犯罪的。

　　總之，防衛措施不過是神智失常狀態下想出的一套伎倆，目的是為了抵制另一個神智失常之念，也就是認定不可能的事情發生了，真相變成夢境，夢境反而變成真的了。然而，不論罪的觀念瘋狂到什麼地步，對我們的靈性真相產生不了任何作用，我們始終是上主的造化，與祂一體不分，也永遠和祂一樣

純潔無罪。

(12) **真理就是如此簡單。它不藉助威權，也不追求勝利。它不要求服從，也無意證明你企圖改變它所作的種種防衛措施是多麼無聊而可憐。真理一心想要給你幸福，這是它的唯一目的。當你拋棄它的禮物時，也許它會嘆息一聲，然而它深知，且極其肯定，上主願你擁有之物，你一定會得到的。**

　　耶穌再次告訴我們，聖靈只會提醒我們重新選擇，此外，祂什麼也不做；因為除此之外，不需要做任何事情。聖靈不可能幫我們解決一個不存在的問題，否則豈不弄巧成拙，假的也變成真的了。難怪小我最愛祈求聖靈正視我們的現實困境，然而，聖靈只會靜靜地為我們照亮真相。祂屹立於我們心內，有如一座燈塔，殷殷呼喚浪遊在外的抉擇者回歸心中，重新作出那唯一有意義的選擇。不消說，「也許它會嘆息一聲」的說法，只是一種詩意的表述，真理豈會嘆息！如此的描述給予我們一個親切的畫面，把真理在小我心目中的「毀滅者」形象扭轉過來：真理其實正慈愛地等待我們回家，期望我們早日接受它要給我們的幸福。

(13:1) **這個事實證明了時間只是幻相。**

　　「這個事實」，指的就是「上主願你擁有之物，你一定會得到的」。上主的旨意若要我們成為祂的一部分，表示我們**必然已是**祂的一部分。我們的生命既然與上主一體不分，不可能

收不到上主贈送的愛與永生。但我們卻一味想要否定這一生命
實相，不斷送給**自己**個體性與特殊性的禮物。但不論我們多想
將它們弄假成真，它們永遠撲滅不了真理之光，因為「所有」
與「所是」是同一回事，「給予」與「領受」也是如此：

> 你的解放宣言其實就在你的心內，縱使小我一味否
> 認此事。**上主早已賜了你一切。**這個事實便已否定
> 了小我的存在，令它戰慄不已。在小我的詞彙中，
> 「有」（having）與「是」（being）是兩回事；但對聖
> 靈而言，兩者全然同義。聖靈深知你既「有」一切，
> 又「是」一切。只因你曾幾何時接受了「有所得」的
> 觀念，而它影射出一種欠缺，「是」與「有」才出現
> 了不同的含意。這就是為什麼我們從不區分「你有天
> 國」與「你是天國」兩種說法。（T-4.III.9）

**(13:2~3) 因時間會讓你感到，上主所賜你的一切並不是當前的
真相；其實，它必在當下。上主的聖念與時間毫不相干。**

我們**本是**上主天心中的一念，這個終極身分超越了時間的
領域。耶穌一句話就使傳統的「功德」觀念顯得毫無意義，比
方說，多行善事必會獲得上主的賞報，不論它發生於今生或
來世。此處則明白點出，上主的聖愛和時間毫無瓜葛。這也
是《奇蹟課程》另一個重要觀念——上主的聖愛和我們的生命
真相同樣超乎時間領域，因為祂的恩賜必是同時給出、同時收
到的，沒有時間的隔閡。也因此，我們無法爭取或交換祂的聖

愛，只能純然接受「我是上主的聖念」這個真理，而且這個禮物只能在當下領受得到，上主也永遠耐心地等待我們作出「憶起真相」的決定：

> 上主對你的聖念也不會因為你的遺忘而改變分毫。它始終都是你忘記它以前的樣子；當你憶起它時，它還是那個樣子。在你遺忘的時刻，它依然故我。（T-30. III.7:6~8）

(13:4) 因時間也是你為了抵制真理而造出的另一個荒謬的防衛措施。

〈練習手冊〉到了最後還會深入討論時間的觀念。此刻，我們只需要知道，時間也是另一種防禦機制，屬於分裂世界的一種伎倆，企圖證明我們的確是時空的產物，活在一具身體內，如此就夠了。我們先前說過，小我打造的「過去、現在和未來」之線性時間，不過是罪咎懼投射於人間的一道陰影罷了；只要一把心內的罪咎懼當真，時間在我們的心目中就立即顯得非常真實；其實，時間和構成它的因素（罪咎懼）一樣虛無得很。

(13:5) 然而，祂所願之事必然在此，你仍是祂所創造的你。

換句話說，沒有一物或一事能橫梗在我們和造物主之間。這個觀念極其重要，可說是整部〈練習手冊〉的基石，也是〈正文〉和〈教師指南〉的基本理念，例如：

> 我們永永遠遠都是上主所創造的模樣；我們只有一個
> 願望，就是祂的旨意。代表其他意願的幻相從此一逝
> 不返，因為你的人生目標終於統一了。（M-28.5:8~9）

(14:1~2) 真理的能力遠遠凌駕於防衛措施之上，只要你讓真相進來，幻相便無立足之地。任何心靈只要願意放下它的武器，不再玩那幼稚的遊戲，真理便會降臨。

我們只有一個責任，就是發出小小的願心，回到心靈當初拒絕聖靈的那個決定，才可能放下幼稚的武器，放下我們的防衛措施。如今，我們終於下定決心，接受耶穌的邀請，透過他眼中的愛，重新去看那些被自己弄假成真的現實。耶穌無法帶給我們真理，因他**就是**真理；我們只能把幻相帶到他那兒，不帶批判地觀看自己的妄心在世上營造的種種幻覺。只要和耶穌一起，幻相便會遁形，因為它們本來就是虛無的。下面這段引言為我們解釋了，為什麼一把幻相帶到真理前，光明便能一舉驅散它們：

> 把小我帶到上主面前，就是將謬誤帶到真理前，讓小
> 我面對那與自身截然相反的真相，因而得以修正。兩
> 者之間的矛盾既然無法存在，小我只有自行化解一
> 途。當矛盾看出自己不可能存在時，它還能支撐多
> 久？小我在光明中只能知難而退，這並非受到攻擊之
> 故。它之所以消失，純粹是因自己本身不真實。（T-
> 14.IX.2:1~5）

(14:3) 今天，只要你決心去迎接真理，你隨時都會找到它的。

認出自己的生命真相，無需等到未來，只要我們誠心歡迎它，真理隨時都會現身的。但在此之前，有一個先決條件，我們是否意識到自己的特殊性是怎麼一步一步把真理推出心外的？為此，耶穌要我們活得誠實一點！

(15:1~3) 我們今天就以此為目標。一天練習兩次，每次十五分鐘，祈求真理降臨且釋放我們。真理必會來臨的，因為它從未離開過我們。

我們已經說過，不要期待真理找上門來，我們應親自赴真理之約。當初選擇小我幻相而流落幻境的既然是我們自己的決定，因此也必須自願返回才行。就像耶穌在〈正文〉借用福音寓言所描述的「浪子」那樣：

> 請再聆聽一次浪子回頭的比喻吧！探討一下究竟什麼才是上主的寶貝、什麼是你的寶貝。一個備受父親疼愛的孩子離家出走了，且明知自己已為虛幻的世物耗盡了家產（雖然他當時並不明白那些東西一文不值）。他羞愧得不敢返回父家，因為他認為自己傷透了父親的心。當他返抵家門時，竟然看到父親興高采烈地迎接他，原來這個孩子才是父親心中的寶貝。他才是父親唯一的指望。（T-8.VI.4）

縱然我們相信自己遠離了真理，真理卻從未離開我們—

步，這不只是福音的喜訊，更是《奇蹟課程》要傳達的喜訊。縱然心靈已流落到分裂夢境，真愛始終在夢境的邊緣等待我們覺醒於幸福真相。

(15:4~5) **它一直等待著我們今天所發出的邀請。我們用下面這個治癒祈禱作為練習的開始，它會幫助我們擺脫自衛的心態，讓真理呈現它始終如一的面貌：**

所謂「自衛的心態」，並非指小我陷我們於身體或害我們生病的陰謀，而是我們明知這是小我的策略，卻死也不願承認自己對身體和疾病那一套看法可能是錯的。因此，我們確實需要一點願心，承認自己原有的看法是錯的、耶穌傳授的那一套才是對的，如此便能「擺脫自衛的心態」，而這樣祈禱：

(15:6~7) **生病乃是抵制真相的防衛措施。今天，我願接受自己的真相，並讓我的心靈徹底痊癒。**

請留意，療癒我們心靈的，不是我們自己而是救贖原則；我們不過是改變了心意，快樂地選擇了救贖而已。

(16:1) **當平安及真理取代了鬥爭及無謂的幻想時，療癒會靈光一閃地劃過你開放的心靈。**

療癒發生的先決條件是：我們必須清楚意識到自己已經選擇了「鬥爭及無謂的幻想」這個人生戰場，以及自己存心遺忘戰場之外的真理那個企圖。唯有如此，我們才可能切身感受到自己並非世界或某種黑暗勢力的受害者，而是自己一個錯誤決

定就把衷心嚮往的基督之愛推出心外了。所幸，只要我們願意憶起「上主的旨意就是我的旨意」，彈指之間，這個錯誤就當下化解了。

> 至此，你才算是壯志重伸了。張開你的眼睛，正視那聖容吧！你便再也不會相信外面有任何力量控制得了你的生活，讓你身不由己地生出與自己心願相違的念頭。你此生只剩一個願望，即是瞻仰愛的聖容。過去那些瘋狂的欲望、想要遺忘的小小衝動，或是刺心的恐懼，甚至令你冷汗直冒的死亡幻相，沒有一個抵擋得住你這真實的願望。因為在那面紗之後深深吸引著你的東西，也存於你心靈深處，兩者根本是同一物，此呼彼應，永不分離。（T-19.IV.四.7:3~7）

(16:2) 疾病再也無法掩飾或保護任何黑暗的角落，抵制真理之光的來臨。

疾病，乃是小我的頭號防衛武器，它將我們打入身體的黑牢，從此活得暗無天日；這全是因為心靈選擇了罪咎，覆蓋了聖靈的光明。無庸置疑，憤怒的目的與疾病一樣，都是企圖掩飾罪咎所在的「黑暗的角落」，令我們無法看到「真理之光」。難怪〈正文〉在結束之前，還不忘為我們再次闡述分裂與分化的陰森景象，當中最具殺傷力的莫過於疾病和憤怒。所幸，它們一旦面對光輝全能的基督自性，立刻潰不成軍：

你自己造出的種種形相絲毫抵擋不了上主親自賦予你
的真相。你無需畏懼那些誘惑，只需看清它的底細；
它只是給你一個重新選擇的機會，在你往昔打造自
我形象之處讓基督大展神威。過去似已遮蔽了基督聖
容的那些障礙，在祂的無上尊威前潰不成軍，在祂的
神聖臨鑒下知趣而退。……從此，再也沒有一個幻相
值得信任，再也沒有一點黑暗遮蔽得了基督的聖容。
（T-31.VIII.4:1~3;12:5）

**(16:3~4) 你夢裡再也不會鬼影幢幢，你的心也不再致力於那些
曖昧又無聊的追尋，神智不清地追逐自相矛盾的雙重目標。於
是，一向命令身體去服膺那些病態願望的心靈，也就痊癒了。**

　　鬼影幢幢的分裂夢境，指的就是藏在心內的罪咎懼、攻
擊和死亡所投下的魅影。它們能夠為我們的特殊性完成雙重
目標，一邊忙著給出愛或呼求愛，一邊痛下殺手；一邊追求幸
福，一邊又把幸福的唯一希望推出意識之外。由此可見，疾病
和「特殊的愛」的伎倆根本是同一回事。

**(17) 如今，身體已經痊癒，因為疾病之源願意解脫了。你若明
白了「身體不該有任何感覺」這一道理，表示你練習有成。
如果你練習得法，就不會有健康或生病，痛苦或快慰的特殊感
受。你心靈不會對身體狀況作任何反應。身體只會繼續發揮它
的功能，如此而已。**

耶穌剛說完前半句「如今，身體已經痊癒……」，接著就馬上澄清「這並非身體的轉變」。因為只要接受他的教誨，必定會與心靈認同；心靈既然不屬於時空領域，表示我們也跳脫了身體的夢境。難怪〈正文〉會這麼說：

身體連一刻都不曾存在過。（T-18.VII.3:1）

言下之意，身體無法立足於神聖一刻內。只要與耶穌的愛結合，我們就不可能分離，罪咎懼也無由生起了；如此一來，感受不到任何威脅的抉擇者何需打造身體來抵制小我的罪咎懼？這也徹底瓦解了前面所說的「雙重遺忘」的防衛機制。

當我融入耶穌的愛與平安時，我的身體既不會有任何感受，更說不上是好是壞，只因那是心靈「感受」到了上主之愛，與身體扯不上一點關係。要知道，《奇蹟課程》的宗旨並不是教導我們如何療癒身體，因為身體不會自己生病，故也不待治療。唯有和耶穌一起進入神聖一刻，我們才會對身體有正確的認識。於是，現實生活中的煩惱、痛苦以及種種不順心，都成了學習的教室，讓我們有機會回到心靈當初誤選了小我的那個決定；進而意識到，原來是心靈自己選擇生病而放棄幸福的。在此之前，我們心心念念都落在身體的病痛或孤獨、悲哀及狂喜的情緒下；如今，我們終於了解「向耶穌求助」的深意，原來是透過他的慧眼，將身體轉化為一個教學工具，藉以提醒我們不僅擁有心靈，這個心靈曾幾何時還作了一個決定：放棄愛而選擇罪咎，放棄一體生命而選擇個體生命，放棄聖靈

而選擇小我。「如今，身體已經痊癒」其實隱含了心靈終於領悟自己這一選擇。

寬恕的核心意義，只是我撤回了自己投射到你身上的陰影，實際上沒有什麼需要寬恕的，因為你只是在做我暗中期待你做的事，給了我一個機會將罪咎丟到你身上。〈正文〉曾如此追問我們：

> 你哪一次發怒不是因為對方沒有達成你為他指定的任務？哪一次你不認為那是你應該攻擊他的正當「理由」？（T-29.IV.4:1~2）

為此，真正癒合的並非你我的關係，而是我的心靈；同理，真正的療癒也不過是撤回我投射到你身上的罪咎，如此而已。只要我放下小我而選擇耶穌，所有的關係自然癒合；同理，只要我作了這一正確選擇，身體也會自然療癒。由此可知，療癒和寬恕根本是同一回事，一個是撤回投射到他人身上的罪咎，一個則是撤回投射到自己身上的罪咎。於是身體再次發揮效用，為我們指出痛苦或喜樂的源頭其實在心靈那兒。耶穌在〈心理治療〉一文中，將這個原理說得更是淋漓盡致：

> 心理治療的最終目標就是幫人徹底明白這一點〔只有寬恕能夠療癒不寬恕〕。如何才能達到這一目標？治療師必須先在病患身上看到自己內在的不寬恕，給自己一個勇於面對、重新評估，然後寬恕自己的機會。

他若能作到這一點，便不難看見自己的罪已隨著過去而一逝不返了。在那之前，他必會隨時隨地感到某種邪惡勢力正伺機攻擊。於是，病患成了反映出他的罪的一塊投影板，他才有機會放下自己的一切罪過。只要治療師還會在此人身上看到一點罪的痕跡，他最多只能獲得片面的解脫，而且疑慮叢生。（P-2.VI.6）

顯然的，療癒和病患無關，也跟治療技巧無關，**純粹**有賴於治療師從病患身上撤回自己的投射：

療癒必須等到心理治療師忘記評估自己的病患之時才會來臨。（P-3.II.6:1）

奇蹟學員務必徹底了解療癒的精神所在，否則很容易掉入「身體應該隨之改善」的錯誤期待。下面這句大家耳熟能詳的奇蹟名言，一語道盡了這個原理：

為此，不要設法去改變世界，而應決心改變你對世界的看法。（T-21.in.1:7）

世界不是問題所在，我們**對世界的看法**（也就是我們投射給世界的罪咎），才是問題的癥結。身體的疾病也是如此，問題出於我們投射給身體的罪咎。只要學會了收回投射，罪咎必然隨之消失，疾病也就痊癒了。到了下一課，耶穌把「疾病」的觀念套用在分裂上，所談的仍是心靈的瘋狂，而跟這具身體一點關係都沒有。

(18:1) 也許你還未意識到，這會解除你以前因賦予身體的種種目的而構成的身體限度。

　　前文解釋過，我們賦予身體的目的就是自我設限，充當分裂、罪咎及攻擊的化身。如果我們在聖靈的協助下學會撤銷這個目的，身體自然康復，因為它本來就不會生病！《奇蹟課程》的「正面陳述」絕對少不了「消除反面」的因素。究竟而言，真正堪稱為「正面」的，只有上主的愛和它留在人間的倒影——寬恕，它們才化解得了小我的咎與恨。所謂的健康或療癒，不過是解除自己可能生病的錯誤信念而已。請記住，療癒和身體無關，只需撤回心靈投射於身體的咎就沒事了。

(18:2) 你一旦放開這些限制，身體自有力量為那些真實而有用的目的效命。

　　就是那些「有用的目的」將身體轉化為人生教室，使得身體好似一記醒鐘，提醒我們還有另一種選擇。因此，只要心靈先修正了身體是脆弱的想法，不再視它為小我分裂及恐懼思想體系的一個破碎陰影，身體便能發揮大用了。

(18:3) 這才是徹底保證身體健康之道……

　　我們已經明白耶穌說的不是身體的健康，因為**身體根本就不存在**。不少人喜歡抓住耶穌的語病，感覺他的語言在**形式**層面好似自相矛盾；然而只要明白了文字背後的**內涵**，就一點也不矛盾了。為此，我常常提醒學員，研讀《奇蹟課程》以及應

用於生活上，都要隨時把奇蹟形上理念放在眼前，尤其是碰到與這句課文類似的說法時，切莫忘記奇蹟的基本原則。究竟說來，身體無所謂健康或不健康，因它根本就不存在。當它看似生病時，是因為我們把咎投射到它身上；因此，只需把心靈的病態念頭從身體撤回，身體就會呈現健康之相，這和身體戰勝病毒根本是兩碼子事。至此，我們便明白了為何耶穌會說：

> 內心的平安才是健康的標誌。（T-2.I.5:11）

(18:3~4) 這才是徹底保證身體健康之道，因為它不再受制於時間、氣候，或疲勞、飲食，或你以前為它制訂的健康法則。如今，你無需作任何事情來維護它的健康了，因為身體在這種情況下是不可能生病的。

因此，我們實在不該根據身體的狀態來界定疾病（不論是自己或別人的身體）。奇蹟學員大多喜歡判斷，一嗅出某人的症狀，立刻對那位因病受苦的人說：「你一定沒有好好學習《奇蹟課程》！」或者說：「有道之人絕不會生病！」其實，疾病反映的是分裂、罪咎和批判之念，與身體狀況毫無關係。

(19:1) 然而，你必須時時覺醒，身體才會有保障。

這一句話值得用來不斷自我提醒：我們需要提高警覺的，並非世界或身體的威脅，而是分裂之念。因為我們捨棄了聖靈的一體生命而選擇小我的個體生命，這才是一切疾病的根源；疾病只不過是罪咎之念的化身罷了。至於如何保持心靈的警覺

來保護身體，就是停止投射。可還記得〈練習手冊〉一開始，耶穌就強調，我們亟需培養省察心念的能力，因為我們不可能改變一個自己覺察不到的念頭。一味否認，只會斷絕改變的機會，唯有誠實觀照自己的起心動念，才有回心轉意的可能。

(19:2) 你若讓自己的心靈窩藏任何攻擊念頭，屈服於批評論斷，或是苦心策畫以抵制不可知的未來，你就會再度步入歧途，與身體認同；心靈一旦生病，身體便遭池魚之殃。

耶穌在前半句就把疾病明確地界定為「攻擊念頭、批評論斷，以及企圖解決根本不存在的問題」；這幾句話可說是前一課及本課的最佳總結。接著他照舊提醒我們，除非日復一日恆心操練，隨時隨地覺察心內的批判及特殊性之念，否則這些功課形同虛設。就是那些病態的念頭讓身體生病的，即使它未必顯現出症狀（形式），我們心裡仍會感到不舒服（內涵）；因為只要生出攻擊之念，內心不可能不內疚的。不消說，這正是小我唆使我們攻擊的原因，心內只要生出一絲罪惡感，我們是不可能憶起自己是聖愛之子的，而只會任由小我盜用自己的身分，同時還錯認了別人的身分。

(20:1) 你一覺察這一傾向，請即刻調整過來，別讓你的防衛心態繼續傷害自己。

言下之意，我們必須知道問題出在何處，才可能「即刻調整過來」，為此，務必要對小我保持高度警惕。我們若真心想

要回報《奇蹟課程》和耶穌的愛，應該請他幫助我們好好監管內心的攻擊及判斷之念，那才是人間所有疾苦的根源。

句中的「防衛心態」就是指攻擊、判斷及特殊性等等的念頭，它們才是真正的病根。我們必須意識到，它們不僅會傷害別人，對自己的傷害更深。

(20:2) 你也不再混淆了真正有待治癒的對象……

「真正有待治癒的對象」，當然不是身體而是心靈，說得更具體一點，即是心靈的錯誤選擇。

(20:2~7) 你只需這樣提醒自己：

> 我已經遺忘了自己的真相，因我已誤把身體當成了自己。生病乃是抵制真相的防衛措施。然而，我並不是一具身體。我的心靈不可能發動攻擊。因此，我也不可能生病。

人間所有的病苦只是我們自己的想像，全都是虛構出來的夢境，目的是阻止我們捨棄小我轉而選擇聖靈。因此，聖靈的任務不但在教導我們「遺忘」小我傳授的那一套（就是犯了滔天大罪而躲到身體內的假我），同時也幫助我們「回憶起」自己存心遺忘的真實身分（即純潔無罪的靈性）。耶穌曾在〈正文〉如此提醒我們：

> 沒有記憶，根本無從學習，因為只有始終如一的事，

人們才記得住或想得起來。為此，聖靈的課程不外乎教人如何回憶而已。我曾說過：聖靈教人回憶，也教人遺忘；遺忘的目的其實是幫你把前後的記憶連貫起來。你若想記得更清楚，便不能不遺忘某些東西。（T-7.II.6:2~5）

第一百三十七課

當我痊癒時，我不是獨自痊癒的

　　本課雖然延續疾病的主題，卻由分裂的角度來探討。這意味著「療癒」乃是從分裂邁向合一，與耶穌結合於正念之境，接受上主唯一聖子的一體生命——我們的基督自性。這是《奇蹟課程》根除疾病的妙方。既然耶穌在本課把「疾病」、「罪」和「把世界當真」的信念視為同一回事，表示「療癒」、「寬恕罪咎」以及「真實世界的正知見」，在他心目中也是同一回事了；因為這三者均足以化解我們對世界的信念。一進入真實世界，等於跳脫了物質宇宙，唯有融入耶穌的愛，我們才會意識到世界的確是幻夢一場，身體僅是心靈夢境中的一個角色而已，我們再也不會把它誤當成真實的自己了。由此可見，寬恕、療癒和真實世界可視為同義詞；罪、疾病和物質世界，也是如此。

　　「當我痊癒時，我不是獨自痊癒的」，這個觀念充分反映

出上主之子的一體性；在天堂，我們是同一基督；在夢中則是同一小我。只需與耶穌的愛結合於神聖一刻，我便不藥而癒了；小我一旦退下，分裂及個體性頓失立足之地，於是整個聖子奧體就在我內痊癒了。在那一刻，我不只悟出只有一個聖子，而且我屬於那一體生命。這和〈教師指南〉第十二篇「拯救世界需要多少位上主之師？」說的正是同一道理，答案當然是**一位**，耶穌正是那一位上主之師的化身。既然只有一位聖子，心靈療癒之後，自然成為一個生命了；於是聖子的一體生命成了我自己的生命。

(1) 今天的主題仍是救恩所依據的核心觀念。因治癒的觀念與世間建立在疾病和分裂上的整套思維正好背道而馳。疾病本身即是將自己從他人抽離之舉，它封閉了結合的可能性。它好似一扇門，把一個生命關在門內，將它孤立，與外隔絕。

人類的病根始於「我要自力更生」這個念頭。自從撤離上主的一體生命之後，我們堅持獨立自主，成為一個孤立無援的個體生命。根據小我的防衛機制，這個分裂的決定幻化出一具具獨立自主的身體，把我和所有人隔絕開來。每當身體出現生理或心理症狀，伴隨而來的病苦必會強化我與他人的疏離感，因為受盡病苦的我尋求解脫都來不及，哪有心力去愛人？由此可見，愛與苦是無法並存的。因此，痛苦本身就是一個選擇，存心要把愛推開。當病苦纏身時，我最多只會去愛為我減輕痛苦的人。換句話說，我一旦有了這種特殊需求，為我減輕痛苦

的人便成了我特殊之愛的對象。若是心理上的痛苦，特殊之愛就會圈選那些給我打電話、寫信或前來探訪的人；若是生理疾病，只要能幫我減輕症狀的都成為我的特殊之愛。要知道，這種愛根本沒有結合的能力，因為各有所求、各有目的的心態扼殺了共同福祉的意識。總之，疾病只會分化我們的目標，療癒才有彌合分裂的效果。對此，諸位大概對下面這段話早已耳熟能詳了：

> 心靈原本不會生病，除非另一顆心靈同意他們是分裂的生命。所以生病必然出自雙方的共同決定。你若不同意，不參與把疾病弄假成真的那類戲碼，不助長另一顆心靈把自己視為與你分裂的個體，它就無法將自己的罪咎投射到身體。如此，你們的心靈便不會用分裂的眼光去看有病的身體。只要與弟兄的心靈結合，便能預防疾病之因以及具體病症。療癒是心靈結合的必然結果，疾病則是心靈分裂的結果。（T-28.III.2）

(2:1~2) 疾病本身即是一種孤立手段。它好似把自己與他人隔絕，因它身受的疾苦，別人無法感受得到。

　　我生病時哪有心情關心你？它只會令我們的關係雪上加霜。痛苦把我變成了宇宙的中心，全世界都有責任減輕我身體的不適；而出現於我夢中的你，同樣只有一個任務，就是解除我的病苦。根據小我的**第四條無明法則**：「你知道自己擁有的全都是奪取來的。」（T-23.II.9:3）就不難了解病患對照顧自己

的人所懷抱的矛盾心結，經常不由自主地把自己的不幸歸咎於
對方：「一定是你偷走了我的幸福，且無意歸還，讓我獨自承
受痛苦。」下面這兩句話道出了我們很熟悉也很痛心的小我生
存法則：

> 因為仇敵不會樂於互贈禮物，也絕對不分享自己珍愛
> 之物。（T-23.II.9:6）

疾病就是根據這個原則分化我們，助長心靈的分裂傾向：

> 痛苦的起因在於分裂而不在這具身體；身體只是分裂
> 形成的結果。（T-28.III.5:1）

　　為此，我們必須把焦點拉回生病的心靈那兒，才有療癒的
希望，並且不斷提醒自己「不論在病苦或療癒之際，我們都是
同一個生命」才行。

**(2:3) 這是身體最後一道殺手鐧，使分裂狀態變得真實無比，
將心靈囚禁於一個孤島；而那使它欲振乏力的有病之身，好似
一道堅固的牆，硬生生地將它與其他心靈隔離，活得支離破
碎。**

　　這段話明確指出，我們是怎麼把構成疾病的原始心態從心
靈轉投到身體上的。前一課已經解釋過，有病的身體印證了分
裂之念和身體的真實性，間接否定了上主的存在。有病之身就
這樣掩護了病態之心，「將心靈囚禁於一個孤島」。病痛，最

能讓我的注意力牢牢盯在身體上，而把「我有心靈」以及「還有一個抉擇者」的覺知拋到九霄雲外，連想都想不起來。於是，照顧好這具身體、滿足它的需求、解除它的痛苦，成了我當前的首要之務。

(3:1) 即使整個世界都臣服於疾病之律下，它絲毫影響不到治癒的運作法則。

這是因為療癒只可能發生於超乎時空的心靈那兒，自然也超越了身體的層次。身體呈現種種生理症狀，目的就是要隱藏那超乎紅塵之上的心靈，然而，它才是身體罹病的原因。

(3:2) 沒有一個人可能獨自痊癒的。

除非我們徹底明白疾病不過代表了分裂信念，才可能了解這一句課文的深意。只要放下小我而選擇耶穌，分裂信念當下化解，療癒便發生了。《奇蹟課程》不乏這類鐵口直斷的說法，但對世人而言，卻是不可理喻的。因此，耶穌才會不斷提醒，只能從心靈的層次去解釋有形的經驗，逆向操作是行不通的。也就是說，切勿根據身體的經驗來詮釋《奇蹟課程》，因為療癒和身體一點關係都沒有。「獨自痊癒」反映出心靈仍陷於分裂與孤立的思想體系裡；唯有真實的療癒方能解除整個分裂妄念，而再度憶起自己乃是上主之子那個一體生命。所以才說，沒有一個人可能獨自痊癒，因為我們根本不是各自獨立的生命：

天父與聖子因你之故而重歸一體，你也當受讚美。當
我們落單時，顯得何其卑微；當我們聯手之際，所放
射的光明燦爛無比，超乎任何一個單獨生命之想像。
（T-13.X.14:1~2）

　　看，這就是療癒的光輝，如上主唯一聖子的基督之光一般
璀璨。

**(3:3~4) 疾病一定會使他與人隔絕而且感到孤立。但只要他願
意，他仍可選擇治癒而回歸一體，接受自己的自性，自性中的
每一部分也因而恢復了完整，而且凜然不可侵犯。**

　　與耶穌結合，等於和「我們是基督自性」的原始記憶結
合。療癒將我們提升到夢中戰場之上，俯視夢裡形形色色的有
病之身，其中一位很可能正是我心目中的自己。如今，我立身
於夢境之外，憶起了聖子的一體生命，明白了上主和我不曾分
裂；如此，不僅疾病之念頓失立足之地，有病之身也同時淪為
一種幻相，因為它是從「我已經與上主分裂」的幻覺中滋生出
來的。如今，我已經和耶穌結合，體驗到上主的一體之愛，當
下戳破小我的分裂謊言而憶起了一切的真相。現在，來讀一段
〈正文〉的描述：

療癒是你想要恢復生命圓滿的一個標記。這一願心會
開啟你的耳朵，聽見聖靈的天音，祂的訊息說來說去
不過就是那圓滿生命。祂還會帶你越過自己的療癒
經驗，因為祂已將自己的圓滿旨意加於你想恢復生命

完整的那個小小願心之上，滿全了你之所願。（T-11.
II.4:1~3）

這是操練《奇蹟課程》的訣竅：和耶穌攜手，退後一步，
好好正視自己的信念所導致的苦果。只需改變看待世界的眼
光，憤怒不安及特殊性的癮頭自然銷聲匿跡。我們終於明白了
夢境之外的真相，從此不難在夢中的病人身上認出一體聖子的
圓滿生命。

**(3:5) 當他生病時，自性好似被支解了，失去了那賦予它生命
的一體性。**

原初的無明一念讓我們深信不疑自己已和上主決裂，同時
喪失了基督自性的記憶；我們竟然相信聖子的圓滿生命可能支
解為無數的碎片，這無異於把上主之子釘上十字架。下面這一
段描述真可謂力透紙背：

> 凡是相信上主可畏的人，只會打造一種替身。縱然這
> 替身千變萬化，卻萬變不離其宗，那就是以幻相取代
> 真相，以片面取代整體。因著它一而再再而三的切
> 割、分化、再分化，最後讓人再也認不出它原本一體
> 而且永遠一體的真相。你其實只犯了一個錯誤，就是
> 把真相帶入幻相，將永恆帶入時間，把生命帶入了死
> 亡。你的整個世界都建立在這個錯誤上頭。你所見到
> 的紛紜萬象，無一不是這個錯誤的倒影，你所經歷的
> 每個特殊關係也都離不開這個錯誤。（T-18.I.4）

幸運的是，我們全想錯了；我們一體生命的自性不曾離開過它的源頭：

> 當你聽到萬物的真相與你之所見是如此不同時，也許
> 會驚訝萬分。……然後，你才可能轉入內在的寧靜，
> 上主就活在這神聖的寂靜裡；你從未離開祂，祂也不
> 曾離開過你。（T-18.I.5:1;8:2）

(3:6) 他一旦看清了身體並沒有能力侵犯上主之子共有的一體性時，他便會不藥而癒。

只要我們願意牽起耶穌的手，便能走出夢境，那時再回望夢中人物，就會看到夢裡來來去去、生生死死的人影純粹是自己的幻覺（T-20.VIII.7:3~7）；而當中的一位，正是我們心目中所認定的自己。這一覺知，喚醒了心靈有抉擇能力的那一部分，啟動了療癒的機制，分裂之念幻化出來的身體再也無法逞能，更無法傷害聖子的一體生命。換句話說，分裂從此對我們發生不了作用，這就是救贖原則——唯獨它能將我們領回自己不曾離開過的一體生命。療癒一旦完成了任務，便悄悄隱退到自己的源頭——上主聖愛那裡：

> 療癒工作者確實存在，他們就是已認清自己生命之源
> 的上主之子，並且了解那「根源」所創造的萬物與自
> 己原是一個生命。這才是幫人解脫的萬靈丹。它會帶
> 來永世長存的祝福。這種療癒不是片面的，而是全面

且永恆的。它揭露了所有疾病的真相。就在這兒，上
主寫下了祂的聖言。唯有愛與合一療癒得了疾病與分
裂。也只有這種方式才符合上主的療癒初衷。若非上
主，便無療癒可言，因為那兒沒有愛。（S-3.III.5）

**(4:1~4) 疾病不過想要證明上述的謊言真實不虛。治癒則顯示
出：只有真理才是真的。疾病所導致的分裂狀態，其實從未真
正發生過。所謂治癒，不過是接受那一向如是而且永恆如是的
單純真相。**

現實中則什麼都無需刻意改變，耶穌從未要求我們否認世
間的經驗，卸下個體性的外衣，一躍而入天堂境界。我們只需
換上新的眼光，重新去看待過去認為重要的事情，這等於給
自己一個機會，在代表疾病的「小我的分裂謊言」，以及強調
「分裂不曾發生」的救贖原則之間，重新衡量，我們便會明白
耶穌在〈正文〉最後所下的結論：

救恩本身極其單純。一言以蔽之，就是：「凡不真實
之物，此刻不是真的，也永遠不會變成真的；不可能
的事，不曾發生過，也不會帶來任何後果。」如此而
已。（T-31.I.1:1~4）

多麼簡單，又多麼美妙！

**(4:5~6) 然而，早已習慣幻相的眼光必須先認清眼前一切的虛
妄本質才行。為此，真理雖然不需要治癒，疾病卻需要治癒來**

證明它的虛假不實。

　　和耶穌一起正視自己的小我，乃是整部課程的核心主題，也是寬恕的關鍵。耶穌曾說，奇蹟足以印證我們真的在作夢，而夢中發生的事情全都不是真的（T-28.II.7:1）。如今，我們終於能夠看穿自己以及所有人的經歷，並且意識到我們真的在作夢，夢中的一切沒有一個是真的。但請記住，我們總得先有勇氣面對現實，才可能認出一切只是一個夢，如此，就不能不仰賴神聖嚮導的慧眼了。但由於我們的肉眼早已習慣陰暗的幻相，故在時間的幻夢中還需要一段過程來撫平內心的恐懼，才可能看清真相。可還記得，〈正文〉在引用柏拉圖的「洞穴」寓言時所描述的那些囚犯：

> 經年累月活在沉重鎖鏈下的囚犯，挨餓受凍，欲振乏力。他們的眼睛長年活在黑暗裡，早已記不得光明為何物了，即使在釋放的那一刻，他們也不會歡欣鼓舞的。他們需要時間去體會自由的意義。（T-20.III.9:1~2）

　　幸好有耶穌一路陪伴，他的療癒手法又如此溫柔，我們才敢慢慢張開久閉的眼瞼，迎向光明。

(5:1) 因此，治癒可以稱作反制之夢，它本身不屬於真理境界，只是藉真理之力，解除疾病的夢魘。

　　天堂的真理境界對疾病一無所知，自然也不可能知道療

癒這一回事。各位應該還記得〈練習手冊〉那句名言：「上主不用寬恕，因為祂從不定人的罪。」（W-46.1:1）寬恕和療癒僅僅是化解一個不可能成真的妄想而已，因此，耶穌在此稱療癒為「反制之夢」，在他處，則把寬恕稱為「最後一個幻相」（W-198.3）或「一齣喜劇」（C-3.2:1），因為它寬恕的是不曾真正發生過的事：

> 寬恕是為了上主，也會帶你接近上主，但不是出自上主。祂所創造的一切怎麼可能需要寬恕，這是不可思議的事。因此，寬恕也屬於幻相的領域，只因它以聖靈的目的為目的，故能脫穎而出。寬恕能幫人遠離錯誤，不像其他的幻相反會導致錯誤。（C-3.1）

同理，療癒也只能是一個幻相，因為它療癒的對象根本不可能生病。我們再次看到了「寬恕、療癒和真實世界」三者的等同性，以及「分裂之罪、疾病和物質宇宙」三者的等同性，這兩組之間具有互為消長的作用。一如下面這句動人的描述：

> 寬恕帶來的療癒之夢便會輕輕告訴你，你從未犯過罪。（T-28.III.8:4）

(5:2~3) 寬恕只是視而不見一切有名無實的罪過，同樣的，治癒也只是解除那從未發生的幻相而已。真實世界會取代那從未存在之境，同樣的，治癒也會清除夢中想要摻入真相的種種幻相，讓真理重新復位。

　　由此可見，寬恕、療癒和真實世界的過程其實是一樣的。只因分裂之念會化身為攻擊、疾病或身體等等不同的形式，因此耶穌也會適時採用不同的詞彙，比如正知見、寬恕、療癒、救贖以及奇蹟，用來描述同樣的轉化過程。正因為只有一個問題和一個答案，故僅憑一個幻覺（寬恕）便足以修正所有的幻覺。究竟說來，不僅寬恕和療癒屬於幻覺，連耶穌本身也是一種幻相：

> 這個人本身是個幻相，因他看起來是個獨立自主的生命，孑然走在人間，活在一具身體內，那具身體也如所有的幻相一樣，將他的自我與自性隔離了。（C-5.2:3）

　　耶穌只是一種化身，他藉助人們熟悉且認可的形相，來傳遞救恩的信息，答覆了分裂夢境中幻想出來的形形色色問題：

> 上天賜你的神聖助手，外形有所不同，但在祭壇上，他們其實都是同一個。每一位神聖助手都出自上主的一個聖念，這是永恆不變的。他們的名字會因時因地而有所不同；時間本身既非真實之境，故需要藉助於有形的象徵。

> 他〔耶穌〕是上主唯一的神聖助手嗎？絕對不是。基督會現形於不同的形相與名字之下，直到人們領悟了自己的一體性為止。然而，對你而言，耶穌是傳遞基

督的唯一訊息「上主是愛」的使者。你不需要其他助
手了。（C-5.1:3~5;6:1~5）

　　身為奇蹟學員，務必認清「寬恕、療癒和耶穌」這類助緣
至多只是反映真理實相的倒影而已。只因我們需要這類具有象
徵性的幻相來修正小我「罪咎、疾病和分裂」之幻相。耶穌在
〈正文〉「平安的障礙」那一節解說「第三道障礙：死亡的魅
力」時說過：

> 也請記住，不論是標誌或象徵，都不可與它的實體混
> 為一談，因象徵只是代表另一物而非它自身。故那些
> 標誌或象徵的意義也不可能存於自身之內，你只能由
> 它們所象徵之物去找。（T-19.IV.三.11:2~3）

　　「寬恕、療癒和耶穌」能為我們反映出一體生命的真相，
引領我們回歸生命源頭，也因此，我們務必隨時警惕，自己要
的是那個源頭，而不是它的象徵或倒影。

**(6:1~2) 不要以為治癒不配當作你此世的任務。因為對於那些
在夢中把世界當真的人而言，「反基督」的能力遠大於基督。**

　　縱然治癒仍屬於幻相層次，我們也不應該認為自己不配得
到這一禮物，更不應該傲慢地認為自己可能跳過這一階段而直
達真理之境。凡是相信自己活在世上的人，必已認命於小我
當家的事實，所以才說：「對於那些在夢中把世界當真的人而
言，『反基督』的能力遠大於基督。」每當我們受到身體需求

的驅使，世界便顯得真實無比，表示我們相信那代表小我及特
殊性的「反基督」勢力已經戰勝了上主和基督。耶穌從不要求
我們否認自己的信念，他只想給我們一個修正與化解的機會。
反基督之所以得勢，全都仗恃我們投給它的信任票，才會把瘋
狂夢境視為人生現實，相信了那些不可能發生的事，最終將虛
幻的偶像拱上了神壇：

> 偶像是信念的產物，你一撤去信念，偶像就「死」
> 了。相信在上主的全能之外還有某種能力，在無限之
> 境以外還有某個地方，在永恆之上還有某種時間，這
> 些怪異觀念便是「反基督」的化身。你甚至認為那些
> 能力、地方及時間可能化身為某種形式，整個偶像世
> 界就在這一觀念中成形了；在這個世界裡，所有不可
> 能的事都發生了。在此，原本不死的生命不免一死，
> 無所不包的整體生命好似承受了失落之苦，超越時空
> 之境淪為時間的奴隸。在此，原本千古不易的生命開
> 始變化，上主賜予一切眾生的永恆平安，從此只能屈
> 身於無明亂世之下。原如天父一般圓滿、無罪、慈愛
> 的上主之子，生出了怨心，受苦片刻，最後一死了
> 之。（T-29.VIII.6）

(6:3~4) 身體也顯得比心靈更實在且可靠。當恐懼成了有目共
睹、又能自圓其說、而且形同身受的唯一現實時，愛，反倒淪
為一種幻夢了。

　　小我之所以打造罪咎懼的思想體系，目的就是要把自己弄假成真。它透過物質世界、血肉之身以及具體的疾病來呈現自己，達到它存在的最終目的。疾病不僅證明了身體的真實性，連帶那些令它生病的外在因素都會一併顯得真實無比。原本無所不能的心靈隨之淪為無能之物，最後徹底消音。心靈一旦隱退，我們能憑靠什麼來抵制小我呢？只能任由它在恐怖夢境橫行無阻，至此，它再也不必擔憂心靈會去選擇真愛了。

　　下一段課文一開始就把寬恕、真實世界和治癒三個名詞當作同義詞，三者不僅內涵相通，還能彼此換用。

(7:1) 寬恕會驅散所有的罪過，真實世界則會收復你所有的妄造；因此，治癒必須先取代你擋在單純真理前的疾病幻相。

　　所謂「擋在單純真理前的疾病」，說的正是小我的抵制伎倆。尤其是當我們契入耶穌的初時，才剛剛品嚐上主聖愛之際，往往突如其來選擇生病或生氣，依舊堅持自己的判斷，不斷加深內心的罪咎。只因愛一出現，我們就會害怕喪失自己的特殊性，迫不及待地轉向小我，尋求庇護；憂患意識一起，我們就不能不力圖自保了。疾病就這樣成為小我抵制真相的秘密武器，足以將寬恕眼光中的真實世界推出罪咎與疾病的幻相之外。於是真理只能退下，靜靜等待著療癒將我們由疾病的幻境贖回。

(7:2~3) 即使人間所有的自然律都堅稱疾病真的存在，然而，

只要疾病之相一在你眼前消逝，所有的問題便已得到了答覆。
從此你再也無需重視或遵守這些疾病之律了。

　　痛苦和憤怒其實源自內心選擇罪咎的那個決定。我們一旦決心改變，願意放下小我而牽起耶穌的手，那個「**起因**」便不復存在，**結果**也自然消失。既然沒有形成任何結果，表示「因」不曾真正存在過，小我說我們「萬劫不復」的謊言便拆穿了，「疾病之相」便在我們「眼前消逝」了。然而，只要心內還窩藏一絲一毫的罪咎之**因**，有罪之**果**隨時都會呈現為種種的後遺症：

> 然而，只要罪咎的魅力存在一天，心靈就深受其苦，更難擺脫罪的觀念。因為咎會不斷吸引罪前來，心靈隨時聽到它的呼喚，渴望它的來臨，自甘屈服於它病態的魅力之下。（T-19.III.1:4~5）

　　身體受制於「疾病之律」，療癒則超越「身體之律」，只要我們不再相信罪的思想體系，並將它置於心靈的「寬恕之律」之下，療癒乃是必然的結果。

(8:1~2) 治癒等於自由。因它證實了夢境是戰勝不了真理的。

　　這句話等於聲明「天人不曾分裂過」這一救贖原則，它只能透過治癒、寬恕和真實世界的正知見而反映在人間。既然分裂只是一個幻覺，那麼小我打造的憤怒、疾病和判斷的牢籠也必然是一種幻覺而已，絲毫左右不了我們的自由抉擇。下面這

段真理之言有如一顆定心丸：

> 你沒有放棄自由的自由，你只可能否認自由的存在。
> 你無法做出上主無意要你做的事，因為非祂所願之
> 事，根本不可能發生。（T-10.IV.5:1~2）

**(8:3~4) 治癒具有分享的能力。這一特性顯示了，治癒法則遠
比它的病態對手更有潛力，它一舉否定了「疾病乃是天經地
義」之見。**

「治癒具有分享的能力」，可說是本課的核心觀念，它是
天堂的一體生命反映於人間夢境的倒影，也就是救贖原則；
而為我們罹病的心靈保住這個救贖真相的，正是我們的守護
者──聖靈，祂是我們與上主以及所有弟兄之間的「連線」：

> 除了上主賜你的大能以外，上主罹病的兒女還能指望
> 其他的護慰者嗎？請記住，聖子奧體的哪一部分接納
> 祂，並無關緊要。只要有人接納了祂，所有的人必
> 會共蒙上主的恩典；只要你的心靈一接納了上主，你
> 對祂的記憶便足以喚醒整個聖子奧體。你若想療癒自
> 己的弟兄，只需代他們接受上主。你們的心靈不是分
> 裂的，上主只有一個療癒的管道，因為祂只有一個聖
> 子。上主與祂兒女僅餘的這一條「交流連線」，不只
> 促進了他們的結合，還會進一步與上主合一。只要你
> 意識到這一點，便足以療癒他們，因為你等於悟出了

「沒有一個人是分裂的個體，因此也沒人會生病」
的真相。（T-10.III.2）

這就是為什麼我們不會獨自痊癒的關鍵所在，因為，那是
不可能的事！

如果分裂只是一個幻覺，那麼世間生老病死的法則必也屬
於幻相。可還記得第七十六課的主題「我只受上主天律的管
轄」？唯有相信世界背後所藏的小我思想體系，自然律對我們
才有約束力；如今，在聖靈的指引下，擺脫了小我的箝制，所
有虛幻的後遺症隨之消失，我們便不藥而癒了。

**(8:5~6) 治癒充滿了力量。因它溫柔的手征服了軟弱無能，使
得囚禁於身體內的心靈得以自由地與其他心靈結合，恢復原有
的堅強。**

對此，小我的觀點恰恰相反。它瘋狂地相信自己代表了
「力量」，而且還有「攻擊、疾病以及身體」這些盟友的推波
助瀾，更加鞏固了世界和身體的真實性，徹底擊潰了上主。縱
然小我在本質上早已與真理一刀兩斷，它卻沒有因此削弱，反
而愈戰愈勇。這成了小我「顛倒妄想」的另一明證，我們若跟
它認同，不可能不落入妄念之境的。其實，在小我的軟弱和基
督的大能之間，我們是有選擇的，這觀念乃是貫穿整部《奇蹟
課程》的主軸。請記得，耶穌曾要求我們重新作出一個明確的
決定：

重新選擇吧！你究竟想要躋身於救主的行列，還是與弟兄一起墮入地獄？

祂已經來臨了，正如此請求你呢！

你會作何選擇？這還用說嗎？你始終是在自己的軟弱及內在基督的大能之間作選擇。你選擇什麼，它對你就會變得真實無比。（T-31.VIII.1:5~2:4）

耶穌期望我們相信他的愛充滿大能，小我的恨只會削弱我們。當我們握住耶穌強而有力的手，便會親身體驗到聖子奧體的一體性，所有的心靈也在這神聖一刻中痊癒了。即使絕大多數的人仍會選擇分裂，但在療癒的心靈內，聖子奧體已經徹底痊癒，因為只有一個聖子。〈正文〉這樣描述我們與弟兄的關係在療癒之後的歡樂場景：

天堂終於能夠藉著你們的關係而重生於整個聖子奧體了；聖子奧體也因著你們之間的愛而彰顯出它是如此美麗，如此安全，如此渾然天成。……在真相的照耀下，你們的關係是何等的美麗神聖！連天堂都仰慕不已，且為你的接納喜不自勝。上主也會因為你們的關係反映出創造的初衷而喜悅萬分。始終存於你內的宇宙會和你的弟兄一起與你同在。天堂也會與它的造物主一起以愛的眼光俯視這個愛的關係。

聖靈已同時召喚了你和弟兄，賦予你們世上最神聖的

任務。只有這個任務超乎人間任何的限制，它的療癒
與結合力量會帶給聖子奧體每一個破碎肢體莫大的安
慰。（T-18.I.11:1,4~8;13:1~2）

(9:1) 聖靈殷殷催促你追隨他的道路，祂要你發揮治癒、寬恕，且樂於獻出人間的涕泣之谷，來換取那哀傷無法入侵的世界。

　　究竟而言，療癒、寬恕和真實世界並非本課程的終極目標，而只是聖靈幫助我們化解罪咎的途徑，因為阻撓我們憶起真相的最大障礙其實是罪咎。簡言之，聖靈的教誨是途徑，恢復自性的記憶才是我們的終極目標。

(9:2) 祂的課程溫柔地教你看出，擁有救恩是多麼容易的事，只需要一點點練習，祂的天律就能取代你為了囚禁自己而制訂的死亡之律。

　　耶穌在此說「只需要一點點練習」，但在他處卻屢屢提醒我們多用點心，表面上看來，耶穌好似前後矛盾，其實耶穌是從**他的**角度發聲的。他把肆虐人間數百萬年的問題，壓縮成一個「輕如鴻毛的願望」（T-19.IV.一.8:1）——癡心妄想自己能把天人分裂的幻相弄假成真。但對於已經療癒的心靈而言，這麼虛無的幻想只需要稍微調整，便能轉到真相了。這和第一百八十二課「我願安靜片刻，回歸家園」可說是異曲同工。難怪耶穌會說：「擁有救恩是多麼容易的事，只需要一點點練習。」確實，對於超越人間戰場之上的人來講，沒有比這更簡

單的道理了。但認同於特殊性的**我們**，沉溺夢境已深，必會感到舉步維艱，更別說一步登天了。由於我們已然深深陷於小我的死亡體系內，自然需要隨時警醒而精進修行，同時更需要耶穌一路的指引和鼓勵。

(9:3) 祂只需要你幫祂一點兒忙，別再自找苦吃，祂的生命便成了你自己的生命。

只要我們選擇那象徵救贖的聖靈，祂的生命便成了我們的生命，表示我們也能和耶穌一般成為救贖的象徵，藉著寬恕而推恩到上主之子的一體心靈內。請注意，《奇蹟課程》的**推恩**，指的就是選擇了寬恕的心靈自然產生的一種動力，與外在的作為一點關係也沒有。如果我們選擇了罪咎，運作動力就是**投射**，這說明了小我思維為何如此變化莫測。唯有寬恕才能發揮推恩作用，反映出天堂之愛始終在聖子唯一心靈內流動著。正因那是自然天成的，所以如何透過言行身教來傳播寬恕正念，不是我們該操心的事，只要解除了「判斷」這道障礙，神聖關係所放射的心光便會遍照聖子奧體的每一部分：

> 這〔療癒與合一之力量〕就是神聖關係給你的禮物。在這關係裡接受這份禮物吧！然後把你收到的禮物施予所有的人。這燦爛無比的目標不僅玉成了你和弟兄的結合，還會為你帶來上主的平安。而玉成你們結合的這一神聖光明，會藉著你們的領受而推恩出去。（T-18.I.13:3~6）

療癒就這樣發揮了安撫人心的作用。我們繼續讀下去：

(10) 自己一旦大獲痊癒，你就會看見身邊的人，或是心中想到的人，或是你接觸到的人，甚至與你好似漠不相關的人，都與你一同痊癒了。在你接受治癒之際，你未必認得出那些人，也未必體會到你對整個世界的偉大貢獻。然而，你絕不是獨自痊癒的。成群結隊的人都會領受到你痊癒時所蒙受的天恩。

這一段再次精彩地描述出聖子的一體真相，它與身體或行為沒有任何關聯；但如果我們硬將真理拉到現實層次，就會對《奇蹟課程》產生嚴重的誤解。要知道，療癒只可能發生於心靈內，因為**唯有**心靈存在。當我們決心遵循耶穌的教誨，心靈便已得到治癒，哪怕只是一瞬的光景，也會明白「上主只有一位聖子」這個真相，同時看破了分裂及罪咎思想體系的虛幻，從此再也不會輕易被小我打造的世界幻相所蒙蔽了。就在我們憶起上主之子的一體生命乃是自己的天性之際，「成群結隊的人」都會領受到我們的療癒天恩。這是我們獻給聖子奧體的奇蹟，那種境界絕非充滿仇恨和疾病的小我體系所能想像的：

> 奇蹟就是上主之子放下一切虛假神明之後的結果，也是邀請所有弟兄共襄盛舉的呼喚。它顯示一種信心，因為他已認出自己的弟兄同樣有此能力。他在呼喚自己心內的聖靈，這一呼聲會因著他與弟兄的結合而日益堅定。聽到上主天音的奇蹟志工，只要他不再相信疾病的力量，便能削弱罹病弟兄對疾病的信念，使得

天音在弟兄心中日益清晰。一個心靈的力量足以光照
另一心靈，因為上主所有的燈燭都來自同一火種。它
無所不在，永世不滅。（T-10.IV.7）

**(11:1~2) 凡是已痊癒的人，自然成了治癒的管道。在他們痊癒
的一刻與他們把領受到的治癒恩典分施出去之刻，其間沒有任
何時間的間隔。**

在這神聖的一刻，我們終於跳脫了形相世界的領域，那兒
沒有「罪—咎—懼」的分裂之念，故「過去—現在—未來」的
時空世界也無從生起。分裂之「**因**」一除，世界之「**果**」自
然隨之消失。在神聖一刻中，時間不復存在，療癒乃是瞬間之
事，也無需跨越時空距離，因為時空世界本來就不存在。由此
我們不難了解，為什麼無需刻意努力把療癒和愛推恩於他人，
因為只要還相信真有一堆人等著我們去傳道或治療，分裂與時
空之境當下便還魂了，完全影射出自己的心靈尚未痊癒。如
今，唯有進入神聖一刻，有病的心靈才會頓時領悟：原來，所
有的心靈早就痊癒了，沒有人等待我的治療，因為沒有一個心
靈可能生病！

**(11:3~4) 凡是與上主對立的，都不可能存在；任何人只要心裡
不接受這種對立，他便成了勞累虛弱者的安息之所。因真理會
降臨於此，所有的幻相都在此地面對了真相。**

已經療癒的心靈，它會自動向其他準備好的心靈傳達出一

個信息：「你能作出與我相同的決定；你也能和我一同牽起我們那位仁慈長兄的手。」就在那一刻，你「便成了勞累虛弱者的安息之所」。「凡是與上主對立的」，當然是指充斥著分裂和疾病的小我妄念體系，當我們不再相信那一套時，便成了那群仍把小我當真的人的「庇身之所」。一如〈正文〉在「小小的花園」那一節裡所描述的「安歇之地」，先前充斥著幻覺、仇恨和對立的沙漠，就在那兒轉變為一座洋溢真理、合一和愛的花園：

> 沙漠轉眼變為花園，青翠、深邃而寧靜，為迷失於荒野塵沙的流浪者提供了一處安歇之地。愛就這樣在原有的荒漠為他們打造出一處庇身之所。你在此接待的每一個人都會為你帶來天堂之愛。他們來到這神聖之地時，是一個一個地進來，離去時，卻不再像以前那樣獨自離開。他們所帶來的愛，不只伴隨他們左右，同樣也伴隨著你。這小小花園會在你的慈心善意下不斷延伸，伸向所有渴望生命之泉卻感到舉步維艱的人。（T-18.VIII.9:3~8）

(12:1~3) 你難道不願作為上主旨意的居所？那等於是你邀請你的自性回家罷了。有誰能拒絕這個邀請？

確實，我們怎麼可能拒絕自性的邀請？因為就在我們決心接受之刻，它早已在家中等候了。我們原是基督自性，上主的唯一聖子，這個記憶始終圓滿無缺地守在心靈裡。這個選擇不

過表示自己決心接受那一直存於心內的真相而已。正因我們只是在夢中流浪他鄉，故寬恕能夠縮短甚至終結這場時空幻夢；它等於是邀請所有分離的弟兄一起走出仇恨和疾病的夢境，也等於邀請上主、與祂一體的基督自性一起回歸祂們永恆的居所。〈正文〉「祂們已經來臨」那一節生動地描繪出這一美好的結局：

> 祂們〔上主和基督〕會在你獻出的聖殿〔寬恕〕共同住下，作為祂們與你的安息之所。凡是將仇恨釋放給愛的生命，都會化為天上耀眼的明星。使天堂的光輝倍加燦爛，欣慰地看到一切終於恢復了原狀。……世人怎能不感激幫他修復家園而捱過嚴冬的你？天堂之主以及聖子對此再造之恩更是銘感不已。

> 如今，生命之主的聖殿已經重建，再度成為祂的安居之所；這聖殿本來就是祂的創造。上主安居於此，聖子得以與祂同住，從此永不分離。祂們感謝你終於歡迎祂們的來到。（T-26.IX.6:4~6;7:3~8:3）

(12:4~5) 你在祈求一件勢必發生之事，必會如願以償的。另一個選擇卻是要求不可能的事，當然註定失敗。

不消說，我們全都指望「不可能的事」，這正是世界無可救藥的原因。無論人類大腦多麼聰明，在政治、教育、經濟或醫學等領域打造多麼卓越的解決方案，最後必然徒勞無功的；

因為它們都是在「要求不可能的事」，企圖把分裂之念弄假成真。前提若非真實，由那錯誤衍生的結果也必然同樣虛幻。雖說如此，並不表示我們不會再選擇繼續作夢，企圖把真的變成**假的**，假的變成**真的**：

> 誰會站在遙遠的彼岸，夢想自己越過千山萬水，造訪那一逝不返的時空？這種夢豈能對他的真實處境造成障礙？他的真相乃是一個事實，不會因他作的夢而改變。但他卻能繼續幻想自己活在另一時空裡，甚至欺騙自己這一切都是真的，使幻想轉為信念，最後陷入瘋狂，且還認定這是自己的選擇，也是自己的宿命。
>
> 這對他安「心」立命之境又有何妨礙？此時此地，他還可能把迴響在他耳中的過去種種當真嗎？他所發明的時空幻相，對他真正所在之境又可能造成什麼影響？（T-26.V.6:6~7:3）

套用〈正文〉裡的一句話，就是：每個人都有為自己打造存在現實的自由，卻沒有讓夢想成真的能力（T-3.VI.10:2）。

(12:6) **今天，我們祈求只讓真理盤據自己的心中，也祈求治癒之念今天就由已痊癒的心傳到必會痊癒的心中，並且明白這兩件事其實是同步發生的。**

聖子只有一個心靈，因此當我們的心靈痊癒時，必然會意識到所有尋求療癒的人其實早已痊癒了。這就是「由已痊癒的

心傳到必會痊癒的心中」這句話的深意。當心靈與聖靈同在而進入神聖一刻，人間所有的疾病和問題都在療癒的心中銷聲匿跡，因為療癒的心已跳脫夢境，得以看清問題的虛幻，而且愈來愈容易和愛的療癒之念認同，開始發揮燈塔的作用，照射出溫煦的光芒，引導所有逃避真愛的人回歸聖子的家園，並與他們一同安息於一體之境。這就是我們的任務：藉著一體光明之力，為彼此驅散疾病與仇恨、分裂與幻覺的暗夜。下面這一段引言鼓勵我們記住此生的任務，成為世界之光：

> 天堂的每一道光明都會與你同行。永恆照耀於天心的光輝，如今同樣照耀著你。你一邁上天堂之路，天堂便已加入了你的行列。如此偉大的光明加入你的陣容，又以上主的大能加持你那微如星火的願心，你怎麼可能繼續活在黑暗中？你與弟兄分道揚鑣之後，各自踏上既無意義又不知所終的旅程已久，如今，你們終於得以同返家園了。因為你們總算找回了自己的弟兄，照亮了彼此回家的路。你們的光明實相會由此光明先折回黑暗的世界，再進一步伸向上主之境，驅散過去的陰影，為祂永恆的臨在鋪路；萬物便會在祂的光明下粲然發光。（T-18.III.8）

(13) 時辰一到，我們就會憶起，我們的任務只是讓自己的心靈治癒，如此方能將治癒帶給全世界，將詛咒轉為祝福，痛苦轉為喜樂，分裂轉為上主的平安。能夠領受這樣的禮物，每小時

拿出一分鐘的時間豈不是很值得嗎？這一點點時間比起那會給你一切的贈禮，豈不是極小的代價？

今天應隨時反問自己：「為何我寧可繼續抓著痛苦和憤怒不放，也不願和上主的祝福、喜樂與平安交換？」還要謹記我們此生的唯一任務，就是選擇聖靈，捨棄小我，進入神聖一刻。然後不妨再想想：「自己為小我付出多大的代價？又為何依舊執迷於它那套想法和作為？」今天就好好觀照自己的起心動念，試著給這些問題一個正面的答覆吧。但請特別留意心裡浮現的怒氣、傷心、消沉、痛苦或自以為「公義」之念，隨即退後一步反問自己：「值得為特殊性付出這種代價嗎？為何自己寧可忍受分裂的痛苦詛咒，也不甘心選擇上主的祝福、喜樂與平安呢？」在《舊約》中，摩西曾這樣向以色列子民說：「我將生死禍福陳明在你面前，所以你要揀擇生命。」（〈申命記〉30:19~20）。在此，耶穌把同樣的選擇擺在我們面前了。

(14:1) 然而，我們必須準備好去接受這份禮物。

看，耶穌這句話好像又和前面「只需要一點點練習」的說法自相矛盾了。在這裡，他叮嚀我們務必好好操練，不可中斷；〈正文〉則告訴我們，只要具有「渴望……的願心」，便是迎接神聖一刻最好的準備：

> 只要你滿懷恢復神聖面目的大願心，必能獲享神聖一刻的。它是一切的答覆。渴望它來臨的願心，正是它來臨的先決條件。你心靈所能為它做的準備，頂多

只是認清自己對它的渴望超乎世上任何一物。（T-18.
IV.1:1~4）

耶穌如此挑戰我們，是要我們確切明白自己真正渴望的是
幸福快樂，而且只有寬恕才能滿足得了心靈最深的渴望。

(14:2~4) 我們要以此作為一天的開始，用十分鐘的時間反省一
下下面的觀念；晚上再同樣地以這一句話作為今天的結束：

當我痊癒時，我不是獨自痊癒的。我願將自己的痊癒
與世界共享，使疾病在上主唯一的聖子心中一逝不
返，祂就是我的唯一自性。

這兒說得不能再清楚了，疾病等於分裂。我在本課一開始
便已點明，疾病和生理症狀是兩回事，雖然感覺上好像是一回
事，但我們在身體上感受的不適，其實是內心不安的直接反
射。因為我們心知肚明，為了證明自己是對的，我們寧可犧牲
幸福；寧可與愛絕緣，也不願和耶穌結合。因此，今天耶穌要
我們隨時反問自己：「如此自絕於弟兄、自性以及上主之外，
值得嗎？」

(15:1~3) 在這一天內，讓治癒通過你而來。在寧靜的安息中，
你已準備好將自己領受的禮物分享出去，這樣，你才能擁有自
己給出之物，也才領受得到上主的聖言，取代你幻想出來的一
切愚昧念頭。此刻，讓我們一起幫助有病之人恢復健康，且為
充滿糾紛爭鬥之地帶來祝福。

　　若要領受到這份「禮物」，先決條件是對愚蠢的疾病與攻擊之念隨時保持警覺。這就將我們再度領回奇蹟的核心理念，也是下一課的主題——療癒、修正和寬恕若不能具體運用在現實生活上，一切就形同虛設。為此，我們必須十分留意傷心沮喪的受害心態，以及發怒、生病、批評的傾向，並且及時反問自己：「我真的甘心這樣過一生嗎？」唯有如此，才表示自己真的準備好放下小我的手，轉而聽從耶穌的溫柔指引，直奔疾病和療癒的源頭——心靈。

(15:4~6) 每小時都用下面的觀念來提醒我們這一目的，免得我們忘卻了今天的任務：

> **當我痊癒時，我不是獨自痊癒的。我願祝福我的弟兄，因我願與他們一起痊癒，他們也會與我一起痊癒的。**

　　我們已經知道，對別人的憤怒原是對自己的憤怒；當我把某人排除於我的愛以及上主聖愛之外，這其實是我的一個秘密決定——存心要把自己排除於上主聖愛之外。為此，我們隨時都應反問自己：「我真的想要活在分裂的後遺症中嗎？」我們若對這種病態人生說「不」而開始選擇寬恕，療癒便開始了，心靈也自然平靜下來，清楚聽到耶穌溫柔的勸慰，慢慢憶起自己的真相，最終找回真正的幸福：

你仍是上主創造的你，你見到的一切有情眾生亦然，不論它們呈現給你何種形相。你眼中所見的疾病、痛苦、無能、苦難、失落、死亡等等，都在誘惑你把自己看成自身難保的地獄之子。你若不屈服於這一誘惑，就會親眼看到，這些痛苦不論化為何種形式，或發生在何處，都如陽光下的朝露，轉眼消逝無蹤。奇蹟已經來臨，療癒了上主之子，結束他那欲振乏力的靈夢，為他開啟了得救及解脫的坦途。重新選擇你希望他成為什麼樣的人吧，請記住，你所作的每個選擇同時決定了自己的身分，從此你不只會如此看待自己，而且深信不疑自己確實是這樣的人。（T-31.VIII.6）

最後，我還要提醒一下，早晚各練一次是不夠的，耶穌其實是要我們從早到晚隨時發出「憶起真相」的願心，方能蒙受寬恕的祝福；如此，連同所有的弟兄也一併在愛中療癒了。這便是上主之子終將療癒的奇蹟。

第一百三十八課

天堂是我必然的選擇

今天，我們要進入另一個重要的課題，就是心靈的選擇能力。除非我們很清楚自己的選項，否則，東挑西選，毫無意義可言。為此，在選擇天堂之際，必須先意識到這等於要我們捨棄小我的地獄；唯有覺察到心靈的分裂狀態，才破解得了小我的失心大計。本課的重點就是揭發小我的策略，在進入正題之前，我們先重溫一下前幾課的要點。

自從聖子誤用心靈的選擇能力，選擇了以個體性及特殊性為主的小我思想體系之後，小我的最大隱憂即是聖子可能會改變心意，於是，不能不精心設計一套令聖子徹底失心的策略，憑空捏造了一個「罪、咎、懼」的神話：無始之始，我為了爭取個體的存在，不惜與上主分裂，犯下攻擊上主之罪而感到罪孽深重。這個罪咎成了潛伏心內的怪獸，隨時伺機報復，懲罰我的罪行。在那一刻，我把這個怪獸形象投射到我心目中具

有無上權威的造物主身上：我篡奪了造物主的地位，祂必會毫不留情地置我於死地，當務之急就是設法逃離藏在心靈內的怪獸，投射出一具身體，藏身於物質世界裡，物質宇宙便這麼形成了。從此，我只會在紛紜萬象的外境看到自己心內不敢承認的罪咎。

這就是「失心大計」的結果。我們具有抉擇能力的那一部分心靈被打入冷宮，埋藏在罪咎懼的暗室裡；小我再用物質身體的種種經驗來覆蓋罪咎懼，令它永不見天日。為此，我若真想選擇天堂、接受聖靈，必須先意識到「我已和小我認同」的那個決定才行。正因如此，我們那位新老師的職責變得十分具體，就是協助我們識破小我的彌天大謊。如此，才可能明白眼之所見只是反映自己內在的信念而已，也唯有如此，我們所作的選擇才具有實質的意義。因此才說，聖靈的「計畫」不過是一步一步揭發小我是怎麼誘拐我們的，這成了本課的主旨。

(1:1) 在世上，天堂只能算是一個選項而已，因為我們相信此地還有其他的選擇。

我們會從本課學到，天堂稱不上是一種選擇，因為天堂永遠是圓滿的「一」。在真理層次，沒有什麼可選的。然而，在二元世界裡，隨時都得選擇。為此，我們必須清楚自己的選項其實只有兩種，即「仇恨與死亡的小我思想體系」，或「寬恕與療癒的聖靈思想體系」。同時，我們還得明白唯有聖靈的體系方能反映出天堂的一體之境。

(1:2~3) **我們認為世間萬物都是相對的，我們要什麼，就可選什麼。如果天堂存在，地獄必也存在，因我們就是透過對立矛盾而造出眼前的世界，而且視以為真。**

可以說，這幾句話是對二元世界最經典的描述了。眾所周知，西方宗教的《聖經》不乏這種二元對立的描寫：上帝與魔鬼，美善與邪惡，寬恕與定罪，如果天堂存在，地獄必也存在。不論是猶太教、基督教還是伊斯蘭教，都是由這種二元論起家的；東方文明則以「陰陽兩極論」來闡明世界萬物的相對本質。對此，《奇蹟課程》的形上學純屬「一體不二論」，始終強調那圓滿的「一」才是唯一實相，但它絕非榮格（Jung）所說的「調和對立兩邊而成的整體」。上主沒有什麼陰暗面，祂內只有真理、光明和愛，這就是上主的定義。奇蹟學員都很熟悉〈正文〉「導言」中這句金言：

> 與愛相對的是恐懼；但無所不容之境是沒有對立的。
> （T-in.1:8）

我們的個體生命既然是從「對愛的恐懼」中誕生的，必然得靠恐懼來維繫生存。這種生命充滿矛盾對立乃是意料中的事，它所打造的世界也必然與實相相反，因為唯有矛盾對立，才能給這虛無的生命一種存在感。

(2:1~4) **上主的造化對相對之物一無所知。然而，在人間，唯有相對之物才算是「真的」。這種對真理的怪異知見，使得選**

擇天堂與消除地獄好似成了同一回事。事實絕非如此。

　　活在二元世界的我們，所知所見全都出自對立與比較，連天堂也好似成了一種選擇。知見世界離不開充當焦點的人物，以及常遭忽略的背景；必須具備了這兩者，才可能形成具體的知見。耶穌曾在〈教師指南〉詳細詮釋知見世界是怎麼形成的（M-8.1），他又在〈正文〉告訴我們，這些對立關係為聖靈提供了最佳的教學工具：

> 小我按照自己的認知方式營造它的世界，聖靈則知道
> 如何重新詮釋小我妄造的一切，世界在祂眼中，都成
> 了領你回家的教學工具。聖靈必須懂得時間觀念，才
> 能重新詮釋時間，而領你超越時間的領域。由於祂的
> 服務對象乃是活在二元對立下的心靈，因此祂必須藉
> 助相對事物來進行祂的工作。（T-5.III.11:1~3）

　　言下之意，我們對天堂的認知，也是透過相對與比較的方式。各位可還記得我經常引用的這句引言：

> 若沒有身體或是你熟悉的形式，你連上主是什麼模樣
> 都想像不出。（T-18.VIII.1:7）

　　我們只要相信身體真實不虛，等於否定了本課程的一體不二論：「上主的造化對相對之物一無所知。」為此，我們得慢慢接受「上主根本不知道我們存在」這個事實；祂怎麼可能知道我們！畢竟，個體的「存在」（existence）和天堂的「實存」

（being）是無法並存的。

(2:5) 然而，上主的造化不論多麼真實，除非它以世人所能了解的形式出現，否則無法進入世界。

　　這正是《奇蹟課程》最重要的教學理念。耶穌很少直接陳述實相的境界，卻經常把幻相與真相作一對比，藉此凸顯世界的虛幻：

> 在這個「因否認真相而迷失方向」的世界裡，你確實
> 需要能為真理作證的間接證據。（T-14. I.2:1）

　　此外，耶穌在〈詞彙解析〉亦明確指出，《奇蹟課程》乃是針對小我的思想架構而開講的，因此必須採用對比性的二元詞彙：

> 本課程完全是針對小我的思想架構而寫成的，因為只
> 有小我需要這一課程。它所致力的目標並非超越一切
> 錯誤之上的境界，整部《課程》的設計僅僅是為那境
> 界鋪路而已。因此，它使用文字，而文字只有象徵的
> 功能，無法傳達超越象徵之上的境界。（C-in.3:1~3）

　　難怪我們在本課程中不時會讀到，聖靈是怎麼善用對比來幫助我們開竅的：

> 死心塌地甘願受苦的你，首先得認清自己確實活得很
> 不快樂才行。由於你已把受苦視為一種樂事，聖靈只

好用苦樂的對比來開導你。（T-14.II.1:2~3）

　　任何深諳教學理論的老師都必然嘉許耶穌這種教學技巧。耶穌最喜歡用對比方式，把選擇小我的苦果和選擇聖靈的快樂並列於我們眼前，好似在為我們洗腦，要我們把平安喜悅與寬恕聯想在一起，同時把焦慮痛苦與判斷聯想在一起。唯有透過這樣鮮明的對比，我們才會慢慢嚐到一點天堂的味道。因為一體和真愛的境界完全無法用人間的語言來呈現，陷於肉體的我們對那種境界更是一無所知，幸好，我們還有能力認出它的倒影。下面這段〈正文〉的引言，就是耶穌為這種教學方式所作的清晰解釋：

　　你怎能教人接受他存心想要拋棄之物的價值？他就是因為藐視了它的價值而棄之如敝屣的。你最多只能教他看清，缺了此物，他是何其痛苦，然後把那東西慢慢挪近，讓他親眼看到，此物的出現又如何減輕了他的痛苦。就這樣一步一步地幫他把自己的痛苦與此物的缺席聯想在一起，再把他的幸福與此物的出現聯想在一起。等到他對此物的價值慢慢改觀之後，自然就會想要它的。這正是我教你的途徑，教你將痛苦與小我，喜悅與靈性聯想在一起。而你過去教自己的那一套，與我的教法截然相反。你有選擇的自由；然而，有上主的賞報在前，誰還希罕小我的獎勵？（T-4.VI.5）

　　耶穌在此所重述的教法，其實就是在二元架構下傳授一體不二的真相。奇蹟學員一不小心就會混淆這兩種層次而偏離正道，因為他們毫不了解，耶穌大多數時候不得不採用比喻或象徵性的說法。故當我們讀到二元或對比性的描述時，必須提高警覺，明白那僅僅是一種比喻手法而非直接**陳述**真理，耶穌只是借用那些比喻來**反映**真理而已。至於他對一體真相的立場，沒有比〈練習手冊〉這一句話表達得更明確的了：

> 我們只能說：「上主永恆如是。」然後便緘默不語，
> 因任何言語在那真知之前完全失去了意義。（W-169.5:4）

　　我們既不能把上主說成**某個**東西，也不能說成**任何**東西，只能說「上主永恆如是」（God is），僅此而已。沒有比這更清晰的「一體不二論」了。話說回來，倘若《奇蹟課程》只能說這一句話便緘默不語，今天就沒有這部曠世巨著，也不可能衍生出寬恕法門了。總之，千萬別把象徵與本體混為一談，如同耶穌在〈正文〉第十九章的提醒。這些話不論重複多少遍都不為過：

> 也請記住，不論是標誌或象徵，都不可與它的實體混為一談，因象徵只是代表另一物而非它自身。故那些標誌或象徵的意義也不可能存於自身之內，你只能由它們所象徵之物去找。（T-19.IV.三.11:2~3）

象徵固然只是倒影，但我們不能不以倒影為路標，順藤摸瓜，溯回上主之愛的終極目標。

(2:6) 真理不可能來到一個對它避之猶恐不及之地。

小我不時在我們耳邊低語：「上主的一體真相一旦出現，你的個體性及特殊價值便不保了。」為此之故，我們才這麼害怕真理，不斷強化自己的特殊性，而將一體真相擋在門外。海倫有一首小詩〈第二次機會〉，描述了她如何用怨恨抵擋上主的愛：

> 與恨為友，小我王權永固；
> 從此無需擔憂，失去親密戰友。
> 被恨套牢之後，反倒安心幾分，
> 愛，終於對我鞭長莫及。

> ——《天恩詩集／暫譯》P.45

(2:7~8) 想把真理帶入幻境之舉是錯誤的。因相對的世界必會排斥真理，使它無法現身。

重申「世上不可能有真理」，方能免除「把真理帶入幻境」的錯誤，不再把上主、聖靈或耶穌拉入世界的運作體系。祂們雖然無法進入世界，卻能在人間每一個角落留下愛的蹤跡。這並不是說祂們不願入世，而是祂們**不能**涉足幻境，只能

指望著已分裂的心靈進入正念之境，將祂們「非具體」的愛具體化為人們在身體層次也能感受到的形式。難怪會有人感到耶穌好似在向他說話或指點迷津，聖靈也彷彿特別為他做了什麼。其實，只要仔細推敲這一段課文，就會明白，耶穌已經說得夠清楚了，真理不可能進入人間，我們只能在心中經驗到上主「非具體」之愛的真相反映於人間的倒影。也因此，我們必須隨時警惕，切莫把倒影和真相魚目混珠。許多傳統宗教及靈修學派的信仰往往建立在倒影上，重視**形式**遠勝於**內涵**。〈正文〉這段有關特殊關係的解說，也順帶提到了傳統宗教固有的特殊性：

> 每當特殊關係引誘你加入這一祭儀去尋找愛，你應記住，愛屬於「內涵」，而非「形式」。特殊關係不過是一種祭禮而已，它企圖犧牲「內涵」而提昇「形式」，以取代上主的位置。「形式」本身沒有意義，而且永遠也不會有意義。你必須認清特殊關係的陰謀才行；這種荒謬的祭典儀式，企圖藉由上主的死亡來盜取其力量，壯大謀害祂的兇手之陣容，藉此證明「形式」戰勝了「內涵」，愛也失去了意義。（T-16. V.12:1~4）

(3:1) 選擇，顯然能使人由相對的窘境中脫身。

　　既然我們只能在小我和聖靈（也就是妄念與正念）之間作選擇，那麼，選擇其中一個，意味著放棄另一個，矛盾便自動

段发人深省的话：

> 若想解决这两种相反的思想体系的矛盾，唯一的办法就是选择其一而放弃另一。如果你与自己的思想体系认同（我敢说你不能不与它认同），而且同时接受两种截然相反的思想体系，你的心灵是不可能平安的。只要你接受二者，你等于在教人两种全然对立的思想，那么你不只在教人矛盾，自己也在学习矛盾。然而，你真正想要的其实是平安，否则你不会向那「和平之音」求助。（T-6.V.二.5:1~4）

(3:2~3) 决定，能使一个原本矛盾的目标，成为你投入精力及时间的对象。无此决定，时间只是一种浪费，精力也会虚耗。

言下之意，我们每天投入的时间和精力若不是为「选择天堂」铺路，就是在虚度光阴。人生在世是可能完成一个伟大目标的，就是接受耶稣的教导，把世界当成教室，学习此生该修的功课。当我们懂得如何以另一种目光看待世界，表示自己终于学会以另一种目光看待内心的一切了，如此，一定会将自己导向正确的选择。可以说，任何努力只要偏离这一目标，都是浪费时间。准此而言，所有企图改善世界之举，倘若不能帮自己改变内心的想法，就是虚掷光阴。说到底，唯有选择圣灵，

才堪稱為此生唯一值得努力的目標。

(3:4~5) 你的人生只是徒勞無功，虛度光陰而已。沒有任何成就可言，因為它既未完成任何事情，也沒有學到任何經驗。

　　只要客觀地回顧人類的歷史，就會發現，人類文明其實並沒有多大的進展，縱然在科技上獲得驚人的成就，但對於終結人類苦難，以及帶給世界和平而言，比起徒手相搏的原始人，現代人不過是五十步笑百步。舉目四望，世界一成不變，現代人依舊只有一個生存目標，就是為了自己這一個體，盡可能榨取他人的利益，很少人真想從世界大夢中覺醒。其實，唯有覺醒，才是人類唯一有意義的生存目標。

　　唯當我們改換了老師，並且與他的（覺醒）目標認同，決心改變自己的心念，那麼，從生到死、從早晨醒來到晚上入眠，生活必然充滿了意義。就在閉眼入睡之際，還會有一種成就感；並非因為我們學完了此生的功課，而是心中了然，世界既非監獄也非樂園，只是供自己學習的教室。即使今天沒學會，仍有明天；何況身邊還有一位無比耐心的老師隨時相助，因而大可安心入睡。就這樣，每天早上歡喜地醒來，晚上再歡喜地入眠，不論白天發生了什麼事，成功或失敗，也毫無差別，因為我們已和此生唯一的目標認同了，這一天不論怎麼過都充滿了意義。耶穌在〈教師指南〉的最後一篇，如此描述正念之心的度日方式：

只要你能培養出「凡事問，隨時問」的習慣，你便可放心，智慧必會在你需要之刻降臨的。每天早上都這樣準備自己，整天之中盡可能地憶起上主；只要環境許可，隨時祈求聖靈的協助，睡前也記得感謝祂的指引。你就會愈來愈篤定而且充滿了信心。（M-29.5:8~10）

(4:1) 你必須隨時提醒自己，你眼前似有上千種選擇，其實真正的選擇只有一個。

〈正文〉結尾一章「真正的選項」那一節，更詳盡地闡明了這個觀念（T-31.IV）。我們常認為自己有無窮盡的選擇，事實上，真正的選擇只有一個，就是承認自己以前誤選了小我。如今，只需選擇以耶穌為師，錯誤便解除了。

(4:2) 即使這一個，也只是看起來像個選擇罷了。

這是因為天堂只有一個實相，沒有其他的選項。所以才說，選擇屬於一種幻覺，即使是發自正念的選擇，也只能視為最終極的幻覺，因它選擇了聖靈而捨棄小我，決定性的選擇一舉修正了唯一聖子所犯的原始錯誤；錯誤一經修正，幻化出世界的整套思想體系便隨之消失了。

(4:3) 不要被那無數選擇所引發的疑惑蒙蔽了。

這等於提醒我們，切莫被千變萬化的多元世界所蒙蔽。要

知道，世界形成的目的就是混淆眼目，設法吸引我們的注意力，完成小我的終極目標，也就是令我們徹底失心，終日忙著解決生理、心理和層出不窮的人生問題。不消說，這一切純屬虛構，只不過是企圖遮掩心內真正問題的煙霧彈而已。〈正文〉曾說：「複雜乃是小我愛玩的把戲。」（T-15.IV.6:2）小我為了隱藏心靈的一體真相才精心設計出這麼複雜的世界，令我們意識不到其實只需一個單純的決定，小我的整套計畫便會徹底瓦解：

> 複雜性與上主無關。它怎麼可能與上主扯上關係？因上主只知道「一」。祂只知道一個造化、一個實相、一個真理，以及一個聖子。有什麼東西能夠與這個「一」矛盾？那麼，祂怎麼可能複雜？又有什麼好選擇的？有矛盾，才有選擇的必要。真理極其單純，「一」是沒有對立的。它只是單純的臨在，糾紛從何而起？它自成一體，複雜又從何而生？真理不作任何決定，因它沒有什麼好選擇的。它若會挑三揀四，選擇豈不成了重歸一體不可或缺的過程？真理既代表一切，必然一無所需。（T-26.III.1:1~12）

(4:4~5) 你只有一個選擇。唯有作出那個選擇，你才會看清原來自己根本沒有選擇的餘地。

　　我們一旦作出「選擇上主」的決定，小我頓失立足之地，那真的沒有什麼可選的了。原始的錯誤一經化解，無明一念連

同由它生出的分裂世界便一併坍塌了。確實如此,若無罪咎,何需救贖?抉擇者更沒有存在的必要。唯一永存不替的,只有上主的真理。

(4:6~8) 因為只有真理是真的,其他都不是真的。那兒沒有相對之物供你挑三揀四。因為根本沒有與真理相反之物。

就在決心親自領受聖靈救贖的那一刻,我們跨進了真實世界,至此,所有的衝突、對立和選擇便結束了。隨著多元對立世界的消逝,剩下的,唯有上主的記憶。《奇蹟課程》是這樣描述的:上主便會降臨,將我們提升到祂那裡去。下面這一段引言原本是在討論復活,卻為我們描繪出對立的人生夢境結束之後的勝境:

> 復活就是接受聖靈對世界存在之目的所作的詮釋,它等於是親自接受了救贖。它結束了苦難之夢,欣然覺醒於聖靈的最後一夢。……復活無異於邀請上主邁出祂最後的一步。它一舉撤銷了所有其他的人生目的、其他的意向、其他的願望以及所有的操心顧慮。它是上主之子對天父的唯一渴望。(M-28.1:3~4,8~10)

(5:1~2) 選擇有賴於學習。真理卻不是學來的,它靠的是領悟。

由此可知,《奇蹟課程》何以如此強調「學習」,甚至採用了學府的教學模式來傳遞它的靈性信息。因為我們需要學習的並非是真理本身,而是先學會清除那些令我們不敢憶起真相

的種種心障。各位應該還記得這段奇蹟名言：

> 你在人間的功課並不是尋求愛，而是找出你為了抵制
> 愛而在心內打造出來的所有障礙。凡是真實之物都
> 不用你去找，只有虛幻不實之物才有待尋覓。（T-16.
> IV.6:1~2）

為此，我們若想在這瘋狂又複雜的世界學習聖靈的寬恕，
必須先捨棄小我傳授我們的那套障眼法，才可能看清真理其實
單純無比：

> 你既已蒙受祝福，卻不知自己有福，表示你仍有待學
> 習認出這個真相。真知是無法傳授的，縱然如此，你
> 仍得備妥真知所需的條件，因那些條件早已被你拋到
> 九霄雲外了。……因此，聖靈所教的第一件事，就是
> 讓你明白什麼是你絕對學不會的事情。祂的訊息從不
> 拐彎抹角，祂要幫你把單純的真理引入你那複雜得不
> 知所云的思想體系。……想要成為一個快樂的學徒，
> 你必須將自己學來的一切交託給聖靈，讓祂為你解除
> 過去的一切。（T-14.I.1:1~2;5:1~2;II.6:1）

這等於要我們把自己一生學來的妄念帶到真相之前，一一
化解它們，如此，才能歡歡喜喜地重返家園。

(5:3) 領悟中含有接納，接納之後你才會真正知道。

若想「領悟」、「接納」而且「真正知道」我們的本來真

相，必須先清除內心的障礙。這真理若是愛，那麼，分裂、怨恨、痛苦和死亡就是阻撓我們體驗愛的障礙；而也唯有寬恕，方能化解這些障礙。只要我們願把那些陰森又虛幻的念頭帶入耶穌的真理光明內，它們便會在愛的光輝中銷聲匿跡，最後留存的，只有真理實相。然而，這需要一段過程：先得「領悟」那只是倒影，然後一步一步「接納」真相，最後才會「真正知道」原來我們就是那個真相。另在後面的第二百八十四課，對這個過程，也有類似的描述：

> 這個真理〔痛苦是一場夢〕，起先只是說說而已，經過反覆練習，你會漸漸接納真理的一部分，心中其實還有許多保留。然後，你會對它愈來愈認真，最後才能全盤接納這一真理。（W-284.1:5~6）

(5:4) 真知的境界超越了本課程的教學範圍。

這個重要的觀念，耶穌在〈正文〉也如此強調：

> 本課程的宗旨並非傳授真知，而是傳授平安。（T-8.I.1:1~2）

那麼，什麼是平安？就是徹底寬恕心內的罪咎信念。試想，如果我們還這麼信賴自己的所知所見，**真知**怎麼可能有機會現身？為此，清除知見才是當務之急，由此，方能邁入**正知見**，開啟**真知**之門：

真知（knowledge）不是修補妄見（false perception）
的藥方，因為兩者既屬於不同的層次，根本沒有碰
頭的可能。妄見只有一個修正之方，就是正見（true
perception）。正見也非永世長存之物。但在它存在的
那段時間裡，它能發揮療癒之效。……正見乃是拯救
世界脫離罪惡的媒介，因為罪根本就不存在。而正見
所看到的正是這一真相。（C-4.3:1~4,8~9）

**(5:5) 我們的宗旨不過是教你如何達到目標，認清那目標究竟
是什麼，以及它所帶給你的益處。**

　　耶穌在此界定了這部課程的宗旨以及限度──並非直接把
我們送進天堂，而是把我們帶到天堂門口，也就是真實世界。
換句話說，他的教學目標只是幫忙解除我們在天堂外為自己
打造的那一段瘋狂旅程，引導我們跨越這個障礙而進入真實世
界，便已完成《奇蹟課程》的使命了。

**(5:6) 你的決定乃是出自你的學習成果，因這些決定顯示出你
所接受的存在真相以及你的真正需求是什麼。**

　　若以小我為師，我的真相就是：我不只生命有限，而且罪
孽深重，困在這具生老病死的軀體內，也表示我每個決定都是
根據那個原始錯誤而作的。反之，我若拜耶穌為師，逐步化
解我對自己的錯誤信念，此後，每個決定都是從耶穌的愛中流
出，真理之境便欣然在望了。

(6) 在這複雜又瘋狂的世界裡，天堂好似成了一種可供選擇的對象，而非它的永恆真相。在你企圖作的一切選擇裡，這是最簡單，最明確，而且是最典型的選擇，這一個選擇左右了你所有的決定。即使你作了其餘的決定，而這一個仍不得其解。但你若解決了這一個，其餘的抉擇問題便一併解決了，因所有的選擇或決定不過是為了掩飾這一個決定的花招而已。這最後且唯一的抉擇即是：你究竟要接納或拒絕真理。

　　天堂的境界極其單純，純「一」而已；聖靈的世界同樣極其單純，「一個」寬恕即能化解所有的問題。我們若抗拒聖靈的單純教誨，便會陷入小我的複雜機制，世界在我們眼中也必然顯得複雜無比。只要我們還想投注於自己的個體性，每天都得作各式各樣的選擇，人生便不可能不複雜。一旦學到某個程度，愈來愈容易從紛紜萬象看出共通性，最後終於領悟，疾病、工作動盪、人際關係緊張，乃至於財務危機，不過是同一個問題，全都源自「心靈認同小我」那個錯誤選擇。於是，我們的選擇範圍不斷縮小，最終方知自己其實只有一個選擇。一旦承認自己所有的問題都源自於「我自己知道如何解決問題，無需求助聖靈」那個信念，心內的重擔便會煙消雲散，因為我們已經作出了最正確的選擇。當然，只要活在人間，還是得作許多具體的決定，但它們再也不會引發焦慮了。因為我已不再依恃自己，故不論選擇什麼，都不會引發內在的衝突。由此可知，問題不在於我的想法正確與否，自以為是的心態才是問題

的癥結。我們若不讓聖靈參與自己的決定，不只問題層出不窮，而且束手無策。反之，我們若求助於聖靈，所有問題都會迎刃而解：

> 在你為自己作出任何決定前，請記住你始終在抗拒自己應負的天堂任務；此刻不妨三思，你還想繼續這樣自作主張嗎？你在世只有一個任務，就是承認自己一無所知，並下定決心不再自作聰明。那麼，你還能決定自己該做什麼嗎？把一切決定交託給上主的代言人吧！祂知道你的任務，也會為你發言的。祂會教你如何卸下因不愛聖子而壓在自己心頭的重擔；因為你不僅沒有教他愛，反而讓他感到罪咎。……

> 你一旦學會了如何與上主一起作決定，所有的決定就會像呼吸一樣自然且當然。無需你操心費神，自會有人溫柔地為你領路，踏上有如夏日寧靜的小徑。（T-14.IV.5:1~5;6:1~2）

(7) 因此，我們今天就要開始反省這個抉擇，時間原是為了幫助我們作此抉擇而形成的。這才是時間的神聖目的，它終於由你所賦予的目的中脫胎換骨了；你以前企圖用時間來證實地獄之真實性，使希望淪為絕望，讓生命不得不屈服於死亡。因為只有死亡能夠解除一切對立，因此結束對立就等於死亡。於是，在世人眼中，救恩與死亡之間便劃上了等號，因為他們把生命與矛盾對立視為同一回事。解決了所有的衝突矛盾，無異

於宣告生命可以結束了。

　　小我打造時間和空間的目的，就是讓我們不能不相信天堂只是一個美麗謊言，地獄的存在反倒更加確鑿；最終感到人間根本毫無希望，死亡才是唯一的現實。我們已經解釋過，時空世界原是我們內心罪咎懼和分裂信念所投射出來的破碎陰影。在這錯誤的前提下，除非我們賦予小我世界另一種存在目的，否則天堂的真相無法反映於虛幻的人間。只要還活在小我打造的身體及世界，早上一醒來就被小我牽著鼻子走，成天操心、不停判斷，乃至痛苦不堪。唯有請求耶穌的幫助，才能將那存心傷害自己和別人的事件轉化為人生教室，因而認出這一切真的只是一場夢而已。於是，小我當初為陷害我們而打造的「時間」，如今化為「神聖一刻」，成為聖靈的療癒工具：

　　在小我利用時間的手法下，恐懼在所不免。在小我的教誨下，時間不過是為你累積罪咎的一種工具罷了，等它惡貫滿盈時，就會招致永恆的報應。

　　聖靈願意現在就幫你化解這一切。恐懼不可能來自現在，它來自那根本不存在的過去及未來。只要你每一刻都能跟過去劃清界線，不讓過去的陰影侵入未來，恐懼便無法侵入當下這一刻了。於是，每一刻都成了清淨無染的你的重生之刻，上主之子就這樣擺脫過去而活於當下了。當下一刻便會由此延伸至無窮盡。它如此美妙清淨，無罪無咎，且幸福無比。

　　只要你肯把時間交給聖靈使用，時間就成了你的朋
友。……請與人分享那永恆的一瞬吧！你就會在徹底
解脫的光明一瞬憶起永恆。只要你願透過聖靈獻出那
神聖一刻的奇蹟，祂就能把這一刻回贈於你。（T-15.
I.7:6~7;8:1~6;15:1,10~11）

　　然而，根據小我的思維，它若要得救，就得讓我們安於衝
突矛盾的二元世界，它才會江山永固；反之，我們一旦轉而選
擇救贖原則，無異於判了小我死刑。因為個體生命不能沒有衝
突，因此對小我而言，我們由衝突解脫之日，便是它的終結之
時。可還記得，小我就是從天人對立的矛盾中起家的：上主—
小我，一體—個體。兩者永遠勢不兩立，小我若要存在，就必
須置造物主於死地才行。這是我們十分熟悉的「**非此即彼**」的
原則。正因如此，我的具體存在等於傳達這樣的信息：如果我
存在，就必得有人為這個體生命付出代價；我既已存在，表示
我已成功盜取了他人的生命，而我所背叛與毀滅的那一位一定
會以其道還治其人。因此，我必須枕戈待旦，保護自身安危。
小我之夢不能不這樣演出，因為我眼中的所有人等於我自己的
寫真，都是從「我是叛徒、盜賊及兇手」這個自我形象投射出
來的倒影：

　　這正是投射者必會嚴加戒備自身安全的理由。他們深
　　恐自己投射出去之物會轉身反擊。他們若相信自己有
　　辦法把投射之物由心中抹除，便不能不相信那個東西

也可能設法溜回來。（T-7.VIII.3:9~11）

　　世人對真實的救恩必會避之猶恐不及，這也是世人害怕耶穌愛的信息的真正原因。即使是追求心靈的人，對《課程》所透露的真理也不免退避三舍。因為我們心知肚明自己攻擊了上主，褻瀆了聖愛，自然相信祂勢必以其道還治其人。但說到底，就連這個恐懼本身都是一種障眼法，因為我們真正害怕的並非上主的報復，而是祂的聖愛會終結我自己獨特的存在：

> 藏在小我黑暗基地下面的其實是你對上主的記憶，這才是你真正害怕面對之物。因這記憶當下即能幫你恢復原有的面目，那正是你千方百計想要逃避之故。你對攻擊的恐懼遠比不上你對愛的恐懼。……你明白，一旦撤去了蔽日的烏雲，你對天父之愛會使你不能不答覆祂的召喚而直升天堂。因此你寧可把攻擊當成救恩，以便防止此事發生。然而，你對天父熾烈的愛，以及祂對你的愛，遠比小我的基地更深，也遠比小我的力量更大。這才是你真正想要隱藏的事實。（T-13.III.2:1~3,6~9）

　　為此，我這個體生命必須不斷抵制上主聖愛以及愛的道具──寬恕。千方百計阻撓愛的記憶在心內甦醒，直到這個選擇所帶來的後遺症令我們忍無可忍，像李爾王那樣喊出：「沒有比這更瘋狂的（選擇）了！」那時，我們才會甘心改弦易轍，開始考慮新的抉擇，因此才說「時間原是為了幫助我們作

此抉擇而形成的」。

(8:1) 這種瘋狂的信念〔衝突是存在的現實，而死亡是這真相的一部分〕在你潛意識中如此根深柢固，使你的心靈陷入強烈的恐懼與焦慮，絕不輕言放棄自我保護的觀念。

　　心靈的「自我保護的觀念」究竟指什麼？由於小我整個思想體系都是仰賴個體的信念來維繫的，那麼，只要能夠保護它的，例如特殊性發出的攻擊、疾病、痛苦或快樂之念，必然顯得神聖無比。

(8:2) 它必須由救恩中逃生，在威脅下求生，因此不能不以各種怪力亂神來武裝自己，抵制真理。

　　「救恩」，意味著小我分裂思想體系的終結，因此說，凡是與小我認同的心靈「它必須由救恩中逃生」；它需要恐懼來鞏固個體意識，因為危機四伏的外境最合乎小我的存在法則，所以，對立、攻擊及最終的死亡，全都成了小我的老盟友，我若已認同特殊性，它們自然也成了我的忠實戰友。〈正文〉有一段話鮮活地刻畫出特殊性的殘酷與瘋狂：

　　　所謂特殊性，就是除了自己以外，不信任任何一人。
　　　它把信心全放在你一人身上。其他人都成了你的對
　　　頭，你得嚴加防範，適時反擊，因為他們對你有致命
　　　的威脅，簡直可恨至極，你不能不置他們於死地。特
　　　殊性所表現的一點善意只是哄騙你而已，只有它的怨

恨才是真的。面對生死關頭，它不能不大開殺戒，否則小命難保；你一旦身陷其中，只好先下手為強。這就是罪咎的魅力所在。從此，死亡被加冕為救主，十字架變成你的救贖，救恩開始影射世界末日的來臨，最後只有你得以倖存。（T-24.IV.1）

在如此殘酷又瘋狂的特殊性中，誰也逃不了，最後只可能同歸於盡：

死刑乃是小我的最終企圖，因它深信你罪孽深重，死有餘辜；唯有上主知道你配受生命的祝福。死刑始終在小我心中縈繞不去，因為那是它一直為你保留的結局。一心想要置你於死地，這是小我對你最大的陰謀；即使它讓你活下去，也只是讓你坐以待斃。你活著的時候，它要折磨你，而且非把你折磨至死不能一洩心頭之恨。置你於死地是小我一生致力的目標，而且不達目的誓不甘休。（T-12.VII.13:2~6）

(8:3) 這些決定還要作得神不知鬼不覺，才能迴避你心靈的質問、分析及懷疑而活得高枕無憂。

這一點，我們已經在第一百三十六課詳細解說過了。小我最深的陰謀，就是讓我作出計畫之後立即全盤遺忘，接著打造出一套罪咎懼的思想體系來鞏固我的個體意識，最後令我相信天譴乃是不可逃避的宿命。整個陰謀最關鍵的一環就

是「咎」，因為它讓我深信自己罪孽深重，而且必受上天的懲罰。在我心內，這個可怕的宿命已然演繹出一套根深柢固的思想體系。小我不斷警告我們：只要留在心靈內，必是死路一條。它常用全盤毀滅（obliteration）這類字眼來嚇唬我們，不消說，這全是小我杜撰出來的，下面這一段便是當中的一例：

> 小我高聲命你不要往內去看，否則你會親眼照見自己
> 的罪而遭天打雷劈，以致失明。你相信了它的話，故
> 從不往心裡去看。（T-21.IV.2:3~4）

難怪我們不知道罪是編造出來的，因為我們根本意識不到它的存在。追根究柢，自從我們選擇了小我思想體系而把分裂弄假成真之後，立刻作了一個決定：忘記這個可怕的決定。經過幾番壓抑與投射，讓那些罪和咎全都跑到身外去了。難怪我在外面只會看到一群有罪之人，為了保護脆弱的身體，不能不戒慎恐懼地武裝自己。我從不追究背後的隱情，因為我堅信世界和世人都在伺機傷害我。其實，我真正害怕的，是小我編造的那套思想體系，但我徹底遺忘了這事的來龍去脈，只好任由小我操控自己所有的想法、感受以及行動。

對此，《奇蹟課程》的用意正是揭去小我存心「保護我們」的面紗，幫助我們迴避心內其實並不存在的可怕怪獸。它先讓我們把小我的策略看得一清二楚，繼而看出現實生活中自己那些掛慮或判斷與特殊性之間唇齒相依的關係，進而明白那全是小我精心設計來迷惑我們的計謀。但小我絕不會讓我們意

識到，心靈既有抵制上主之愛的自由，自然也有重新選擇的能力。但除非我們憶起是自己選擇了小我，並且看清這個選擇對自己及他人所造成的傷害，我們便很難再裝聾作啞下去。話說回來，如果我們不知道整個世界都是自己心念的投射，哪有機會轉變自己對世界的看法。這一點再怎麼強調也不為過。接下來，我們就會看到耶穌再次重申這個觀點：

(9:1~3) 天堂則是一種有意識的抉擇。你必須先正確地看見並了解這些選項背後的意義，才可能作出這一抉擇。換言之，這回藉著上天之助，你終於看清了隱藏於陰影下的一切，得以重新評估。

有關《奇蹟課程》的宗旨，我們再也找不到比這更明確的表述了。讀了這一段話，我們才真正明白，為何耶穌如此煞費苦心地揭露小我欲置聖子於死地的那一套瘋狂體系。耶穌必須再三重申，因為小我根本不讓我們意識到它的陰謀。縱然我們並不否認世界邪惡無情的一面，但我們懂得如何為它蓋上一層天堂般的面紗，一切立刻顯得美好而充滿希望。我們絕對想不到，只要相信世界在外面，這種世界就不可能美妙。世間唯一堪稱美妙之事，就是徹底看清世界一點也不美妙，因為它最多只是一道幻影而已。最關鍵的，仍是我們總得先意識到自己有個心靈，這個心靈投射出這樣的世界，才可能看清世界的虛幻本質。這時，我們真的很需要一位老師來指點迷津，教我們看清世界之所以醜陋，只不過是醜陋心靈投出一個倒影罷了。

不僅如此，連心裡那個醜陋世界也同樣是一個幻影，不過是阻撓抉擇者倒戈的一套防禦機制而已。耶穌幫助我們了解了小我的陰謀之後，還要我們具體看出小我在自己生活中是怎麼一步一步佈局的。縱然每一個人的功課在**內涵**上全然一致，但功課的**形式**卻各不相同，難怪耶穌在〈教師指南〉的最後一篇這樣說：「這部課程非常注重因材施教。」（M-29.2:6）不消說，人間所有的寬恕終究是同一回事，儘管顯現的形式大不相同，別忘了，那些外在差異不過是配合小我演出，要我們把差異當真而已。

為此，應特別留意自己今天的每一個經歷，不論多麼尋常，或因他人某個言行而蹙眉不悅，或因一個嚴重事件而勃然大怒，表相好似不同，其實都在為小我的邪惡目標效力，讓我們分辨不出問題的本質和起源。我們若不了解問題只可能起因於自己心內，是不可能作出正確選擇的。為此耶穌才要我們把「隱藏於陰影下的一切」帶到光明中。下面這一段〈正文〉也傳達了類似的觀念：

> 親愛的孩子呀！這絕非事實。你那「罪孽深重的祕密」裡其實什麼都沒有，你只需將它帶到光明之中，它就會煙消雲散了。那麼，再也沒有烏雲能妨礙你憶起自己的天父，因你會憶起祂清白無罪的聖子，他不曾死亡，因他是不朽的生命。（T-13.II.9:1~3）

(9:4~6) 心靈以前所作的錯誤評判，一經真理判為無稽且無

因，它便修正過來了。它們的後遺症，如今也一筆勾消。只因你已識破了它們的虛無面目，使它們無處藏身。

　　面紗一經揭開，陰森的罪咎立刻暴露在真理光明之中，我們再往心內一看，就會發現那兒什麼也沒有；然後再抬眼觀望世界，那時便不會把世間一切事物當真了，因為我們不再賦予它們左右自己悲喜苦樂的力量。即使面對別人的痛苦，也會尊重他們所選擇的功課，也許，唯有在那教室中他們才有機會領悟幻相的虛幻本質。這意味著，在現實生活中，不論周遭發生什麼事，都撼動不了耶穌的愛所帶來的平安，因為我們知道那些事不會影響自己。說起來，這種方法倒也很符合人類的私心，因為每個人都想安心地活在人間。然而，只要我們還相信自己真的活在世上，是不可能真正安心的。除非我們真正領受新老師的教誨，才會明白外在的世界只是心內罪咎的一道陰影；它既然源於心靈的一個決定，我們就有修正它的能力。

(10:1) 心靈終會有意識地選擇天堂的，就如地獄的恐懼必有終了的一天，只要它敢掀去地獄那一套無意識的保護機制，將恐懼帶到光明之中。

　　請看，耶穌不厭其煩地重複同一理念：我們必須把埋藏心底的秘密置於覺性的光明之中。這和佛洛伊德的學說十分相近，心理分析學的目的就是把潛意識埋藏的一切意識化。同樣地，《奇蹟課程》的目的也是把小我深藏不露的思想體系意識化；所不同的，它更進一步讓我們意識到這是自己所作的選

擇。倘若意識不到是自己選擇了地獄，我們哪有機會換成天堂的選擇？聖靈就這樣把世界轉為一所學校，請耶穌來施教，賦予世界一個新目的，幫我們看清自己是怎麼藉著心內一個接一個的選擇，一手打造出眼前的世界。若能鍥而不捨地練習，我們的焦點會愈來愈快從外在的問題（也就是自己的特殊需求）轉向心內，直接看透小我「保護分裂」的伎倆，同時意識到自己心靈的選擇能力。

(10:2) 誰能在昭然若揭與曖昧不明之物間作一選擇？

縱然我們有選擇這個或那個的自由，但如果只看得到其一，怎能算是真正的選擇？故我們必須先清楚自己的選項。耶穌這樣反問我們：

> 在兩種狀態中，如果你只認識其一，你能作何選擇？
> 在兩種後果之間，如果你只能選擇一種，你哪裡有選擇的自由？（T-27.VII.11:1~2）

(10:3~5) 如果只有兩種可能性，一個已經看出了價值，另一個不只無價值而且是罪咎及痛苦的虛幻淵藪，誰會猶豫不決？面對這類抉擇，誰會舉棋不定？那麼，我們今天還要猶豫不決嗎？

說到這裡，各位一定還記得我經常引用的一句〈正文〉：

> 在聖愛的呵護下，還有誰會在奇蹟與謀害之間舉棋不

定？（T-23.IV.9:8）

　　我們若真心向耶穌求助，便會在「聖愛的呵護下」體會出這種選擇本身就是一個奇蹟，只因我們終於捨棄了置人於死地的小我而選擇耶穌的愛。一旦看清這兩個選項的本質，究竟哪個值得我們選擇不僅不說自明，而且是理所當然的。這也意味著，我們切莫疏忽日常的瑣事，因為耶穌會利用我們當真的每件小事教導我們明白，那只是自己內心早已當真的罪咎所投出的倒影而已。

　　請記得，這個過程需要投入相當的功夫及毅力，因為我們的想法和情緒太容易被「自己」以外的東西（包括自己的身體）所左右，這個「**自己**」當然是指內在的抉擇者。今天多留意一下自己的快樂或悲傷，健康或生病是怎麼受制於外在因素的。這是今天操練的焦點，唯有如此儆醒，我們才可能在奇蹟與謀害、真理與幻覺之間作出有意義的選擇：

　　你究竟想與真相或幻相合一？決定權操之於你。但你必須記住，選擇一方等於放棄另一方。凡是被你選中的，你必會賦予它美善與真實性，因為你一定對它非常重視才會選中它。美麗的火花或是醜陋的紗幔，真實的世界或是充滿罪咎及恐懼的世界，真相或是幻相，自由或是奴役，這些選擇其實都是同一選擇。萬變不離其宗，它們所代表的就是在上主或小我之間的選擇。思想體系不是對的，就是錯的；而思想體系的

屬性必然離不開它的本質。（T-17.III.9:1~6）

(11:1) 一早醒來，我們就選擇天堂，拿出五分鐘的時間肯定一下我們所作的選擇是唯一神智清明的決定。

所謂「選擇天堂」，可不是一早醒來就跟耶穌說：「我愛你，我願意一整天與你同在。」當然，這種孺慕之情也無可厚非，畢竟我們的靈性尚未成熟，但耶穌如此苦口婆心，就是想讓弟妹們快點長大不再依賴他：

> 任何良師都希望能盡其所能地傾囊相授，目的是讓學生有朝一日不再需要他的指導。這是老師唯一真正的目標。……你若能以我的方式思維，我就能與你一起教人，與你一起生活，但我最後的目標是解除你對老師的需求。（T-4.I.5:1~2;6:3）

為此，「選擇天堂」的深意即是，一早醒來，便立志聽從耶穌的教誨，請他隨時提醒我們，在世界大教室裡學習從自己對外境的反應來透視心靈暗地裡的選擇。不論學會沒有，我們都能活成一位快樂學徒，因為我們很清楚自己遲早會在這人生教室裡學成的，否則，我們大概連起床的動力都沒有。總之，不論人際關係的功課多麼痛苦，我們仍然萬分慶幸在這關係上看到另一目的和意義。「唯一神智清明的決定」，反映出我們真有「選擇天堂」的願心。關鍵是，我們得選對老師，才回得了家。除此之外，沒有一個選擇是清明且有意義的決定。

(11:2) 我們也十分明白，這是在真實的存在與狀似真理的虛無之間所作的一個有意識的抉擇。

在此，耶穌把「存在」（existence）當作「實存」（being）的同義詞來使用，但他在〈正文〉卻將兩者做了明確的區分：「存在」只適用於小我領域，「實存」則直指靈性及真理境界（T-4.VII.4~5）。箇中原因很簡單，這一句英文要求三個音節的單字，耶穌遷就一下節拍就採用了「存在」（existence）一詞。但這並不影響整句話的含意：能夠反映「真實的存在」那個「有意識的抉擇」，就是選擇「知道如何將我們領回基督自性」的那位導師——耶穌，因為唯有他才化解得了虛幻的特殊之我。

(11:3~4) 它的虛偽本質一被帶到真理的光明中，便顯得淺薄而且空洞。如今它驚嚇不到你了，因為出於仇恨的殘酷報應這個龐然怪物，必須若隱若現才能製造恐怖效果。

為什麼那個怪物「必須若隱若現」？因為我若想繼續為人間事焦慮不安下去，就得忘掉或者模糊化痛苦的真正起因才行。小我這個龐然怪獸之所以具有左右我的能力，不只仰賴我甘心相信它的幻相，也仰賴我存心忘記自己這一選擇才行。下面這一段引言，借用了喜劇演員彼得・塞勒斯（Peter Sellers）《咆哮的老鼠》（*The Mouse That Roared*）這部電影的寓意，把小我的恐懼與寬恕的威力作了一個鮮明的對比：

恐懼本身何其脆弱，何其渺小且無意義。結合於愛的
人充滿了寧靜的力量，恐懼在他們面前顯得多麼微不
足道！你心目中的「敵人」不過是隻飽受驚嚇的小老
鼠，卻妄想對抗整個宇宙。它的野心豈會得逞？你只
需不理睬它，這又何難之有？雖然它不斷嗚啞吱叫，
炫耀自己的大能，企圖湮沒宇宙萬物歌頌造物主的
永恆歌聲。究竟誰是強者？這隻小老鼠？還是上主的
造化？你和弟兄的結合是建立在上主的旨意上，不是
靠這隻小老鼠。一隻老鼠豈有能力背叛上主所結合的
人？（T-22.V.4）

我們必須看透「小老鼠」的虛張聲勢，才會知道它其實不
堪一擊。但這還是有賴於那位新老師的大愛，方能幫助我們看
穿小我那片恐懼薄紗，得見背後的光明。

(11:5) 如今，你已認出它不過是個微不足道的愚昧錯誤而已。

如何才能「認出」錯誤？自然得接受新老師的教導，才可
能明白，眼前的種種問題原來只是反映那個「微不足道的愚昧
錯誤而已」。但在此之前，我們必須甘心放棄過去建立的自我
形象，承認這種自我認同所帶來的苦果。我們說過，耶穌非
常懂得教學理論，要我們把「痛苦」和「小我」，「喜悅」和
「他的愛」聯想在一起，因而產生「制約」的效果，更加相信
追逐特殊性絕對不會快樂，唯有接受他的愛才有幸福可言。

(12:1) 今晚在你閉上眼睛以前，我們再重申一次白天每隔一小時所作的抉擇。

請注意，耶穌這回改弦易轍了，不再限於早晚各練一次，而是要我們時時刻刻憶起他這位新老師的教誨，讓他教我們如何作出「天堂的選擇」。

(12:2~6) 我們要用清醒時刻的最後五分鐘，回到今天初醒時的決定。每過一小時，我們都重申一遍這個抉擇，靜靜地騰出片刻獻給我們清明的神智。最後，再以這句話作為一天的結束，肯定我們所選的正是自己想要之物：

> **天堂是我必然的選擇。現在我就選擇它，我的意念不再動搖，因為這是我唯一想要之物。**

如果我們真心想要回歸天堂，就得同樣真心地選擇通往天堂的寬恕之路，在聖靈的指引下，每天遇到的寬恕功課就足以將我們領向那個目的。如果我們真想踏上奇蹟之路，「選擇天堂」正是必修的功課，不可等閒視之。故這一整天都隨時隨地提醒自己，此生的唯一目標就是覺醒。直到晚上入睡之前，也須臾不忘把今天的經歷全部交給聖靈，祂自會利用這些教材來教導我們重新去看每一件事的意義，直搗心靈當初選擇小我的那個決定，並且慶幸自己終於得到「修正」的機會。唯有「選擇天堂」的決定，能讓我們從小我的噩夢醒來，安返天鄉，這才是人心最深的渴望。

第一百三十九課

我願親自接受救贖

　　本課顯然是延續前課「決定」的主題而繼續發揮下去。我們對它的內涵已經不陌生了——在耶穌一步一步帶領下，我們迎向這個基本的決定：小我或聖靈？認同於分裂的自我概念還是基督自性的記憶？曾幾何時，我們拒絕了聖靈「分裂不曾發生過」這一救贖原則，選擇了小我自創的個體生命，最終活成了一個虛妄的我。為此，唯有重新接受救贖，才修正得了過去那個錯誤。《奇蹟課程》的最終目標，即是協助我們接受救贖而憶起圓滿自性。這正是〈練習手冊〉另一個重要主題：我們的真實身分乃是上主之子，一個不可分割的生命。

(1:1) 抉擇到此結束。

　　當我們親自領受救贖，明白了聖靈傳授的才是真理，小我只是一派謊言，抉擇就愈來愈不必要了。心靈恢復了它本有的

清明，它明白這抉擇能力與身體大腦毫無關連。我們只需選擇真理實相，而且義無反顧，一切錯誤便已化解，選擇自然就不必要了。心靈一旦回到作抉擇的那個點，等於回到了夢的起點，那兒才有解除夢境的機會，這就是奇蹟效應：

> 奇蹟並不喚醒你，它只會幫你看清作夢的究竟是「誰」。它告訴你，你在睡眠中仍能選擇不同的夢境，全憑你賦予此夢何種目的而定。你究竟想要夢見療癒，還是夢見死亡？

> 奇蹟幫你看清是你在作這個夢，而且夢中情景都不是真的。這是應付幻相最重要的關鍵。你只要能認出夢中一切都是自己打造出來的，就不再害怕它們了。恐懼之所以揮之不去，只因你看不出自己原是此夢的作者，而不是夢裡的角色。（T-28.II.4:2~4;7:1~4）

一旦釐清了這是在療癒之夢和死亡之夢之間所作的選擇，夢境便無以為繼了。

(1:2~6) 因為，此刻，我們終於決定接受上主所創造的自己了。何謂抉擇？不正表示我們還不確定自己的本來真相嗎？人生的一切疑慮莫不源自於此。世間的一切疑問所反映的也不過是這一個問題罷了。人心內哪一種衝突矛盾不是指向這單一的問題：「我究竟是什麼？」

在〈練習手冊〉的最後，耶穌為我們答覆了「我是什麼」

的問題（W-PII.十四）。針對聖子冒出的「小小瘋狂一念」，小
我的答覆是：「我是分裂之子，由自我中創生，而非上主的造
化。」聖靈的答覆則是：「我仍是永恆不易的基督自性。」這
一答覆正是救贖的真諦。〈正文〉「在你內的基督」那一節如
此描述從懷疑到肯定、從小我到基督的轉化過程：

> 必然先有疑慮，才可能引發衝突。你的每個疑慮總是
> 針對你自己。基督卻從不懷疑，他的寧靜全然出於自
> 己的肯定不疑。他樂於用自己的肯定取代你的疑慮，
> 只要你願接受他與你確是同一個生命；你們的一體生
> 命無始無終，無邊無盡，卻又近在咫尺，伸手可及，
> 只因你的手即是祂的手。……祂的寧靜遲早會轉為
> 你內心的肯定。肯定一旦出現，懷疑還能藏身何處？
> （T-24.V.9:1~4,6~7）

(2:1) 然而，提出這一問題的人，表示他已經拒絕認識自己了。

　　確實，只有分裂的心靈才會提出這類問題，這是本課最重
要的一個觀念。當我們選擇小我而拒絕聖靈時，心靈好似真的
分裂了，連上主的肯定不疑也被小我的懷疑不安所取代，從
此，我們的現實人生每天都在小我的舉棋不定和自性的肯定不
疑之間來回擺盪。

**(2:2~4) 正因他拒絕接受自己的真相，才會使他提的問題顯得
非常真誠。有情眾生唯一而且必然知道之事，就是他的真相。**

人必須從這一千古不易的必然性出發，才可能看出芸芸眾生所
具有的同一必然性。

　　這一段可說是「**投射形成知見**」的最佳詮釋。我們必須先
看清楚自己心內所選擇的究竟是小我還是聖靈；不論選擇哪一
個，那一個對我必然顯得真實無比；我心裡一把它當真以後，
不是向外投射，就會推恩出去。如果我認同小我思想體系的虛
妄之我，必然會投射出一個充滿罪和特殊性的世界，而且把分
裂之念投射而成的身體視為自己。反之，我若選擇聖靈，並且
接受祂的救贖，那一念中所含的愛便成了我的存在真相。當我
們從那兒再回望小我世界時，便會明白，世間的紛紜萬象不過
是小我抵制愛的伎倆罷了。如今，這愛已在療癒的心靈中獲得
解放，自然會推恩到聖子奧體的每一部分。

　　冥冥之中，所有心靈都知道自己的真相。一旦懷疑自己是
誰，表示它已經選擇了小我，背離了聖靈。下文馬上就會提
到，選擇聖靈的人內心必然篤定，不會對自己生起疑慮。故當
我反問自己是誰時，其實是企圖用這個問題來掩飾自己所作的
決定。所有的疑問歸根究柢都是「自我懷疑」的延伸，「我不
知道自己是誰」影射出人心抵制真知的傾向。換言之，當我在
探問「我究竟是什麼」時，本身就是一種立場聲明：「我已認
同了妄念之心。」幸好聖靈始終臨在於我的正念之心，我怎麼
可能不知道自己是誰？因此，我若提出這個問題，希望別人為
我解釋「我究竟是怎麼一回事」或「我怎麼落到目前處境」，

這個提問骨子裡即是「自我懷疑」。下面這段引言節錄自〈正
文〉「寧靜的答覆」那一節，它一針見血地指出，小我只是藉
用這類反問來肯定自己的存在而已，全都屬於「自我宣傳」。

> 從世界的觀點提出的問題，全都是表達自己的看法，
> 而非真的在提問。……世界只會提出一個問題：「所
> 有的幻相裡頭，哪一個才是真的？……」不論你以何
> 種形式提出此問，用意只有一個，就是企圖把罪弄
> 假成真，只接受自己喜歡的那種答覆。……言不由
> 衷的問題是沒有答案的。它在問話之際已經預設了
> 答覆。人間所有的問題都屬於這類自我宣傳。（T-27.
> IV.4:1,4~5,8~9;5:1~3）

**(3:1) 不肯定你自己的必然真相，這一自欺之舉牽涉之廣、影
響之鉅超乎你的想像。**

　　這個觀念在《奇蹟課程》中屢見不鮮，耶穌直言不諱，我
們絲毫意識不到那個錯誤選擇的「遺害如此之深」，超乎我們
的想像：

> 當你聽到萬物的真相與你之所見是如此不同時，也許
> 會驚訝萬分。這表示你尚未意識到那個錯誤〔以幻覺
> 取代真相〕的遺害如此之深。它的後果涵蓋之廣，大
> 到不可思議的程度，整個「非真」世界都「不能不」
> 由此而生。（T-18.I.5:1~3）

　　當我們不確定自己是誰時，其實是存心自欺。自從我們選擇了小我，便再也無法肯定任何事了。可以說，不肯定之感已然透露了抵制真相的企圖。

(3:2) 活在世上，卻不知道自己的真相，這與相信自己已死又有何異？

　　唯有活在聖靈內才算真正活著，因為選擇聖靈，等於選擇我們對真實生命的記憶。反之，我們若選擇小我，無異於選擇死亡，還會因為自己拒絕了生命而感到罪孽深重。我們在無明中視自己為一個獨立的生命，其實，我們始終與上主同在，不曾離開過一體生命。只因陷入瘋狂夢境，才會相信自己活在身體內；然而，不論身體如何唯妙唯肖地冒充生命，這種生命其實和死亡無異。

(3:3) 除了活出真實的自己以外，還有什麼人生可言？活在此地的，除了你以外，還會是誰？

　　引文中的「**自己**」，是指真實的**你**。我們必須先搞清楚自己是誰，也就是聖靈所啟示的自性，才算「**活出真實的自己**」。反之，拒絕聖靈的指引，執意活成另一個我，等於否定了真實的生命（being），這無異於死亡。各位可能還記得〈正文〉「無明亂世的法則」那一節，它斬釘截鐵地為我們定義了生命的內涵：

　　　天堂之外沒有生命可言。上主在何處創造了生命，生

命就只可能存在那裡。活在天堂之外的生命全是幻
相。最好的時候，它看起來像是生命；最糟的時候，
它與死亡無異。然而，這兩種形式只會告訴你什麼
「不是」生命，兩者同樣的不正確，同樣的無意義。
生命不可能不在天堂內；凡不在天堂內的生命，也不
可能存在於任何地方。（T-23.II.19:1~6）

為此，不論小我做什麼，都無法將實相改成幻相，將生
命轉為死亡；縱然我們落入了死亡夢境，始終仍是上主的創
造——永恆的生命之子：

你之所願其實就是祂賜你的生命。即使在時間領域
中，你也無法離祂而活。睡得不省人事並不等於死
亡。祂所創造的生命可能昏睡一陣，卻不可能死亡
的。永恆不朽是上主對聖子的旨意，也是上主之子的
心願。既然天父就是生命，而聖子又與天父一樣，故
他也不可能生出死亡之願的。創造才是你的意願，因
為那是祂的旨意。（T-11.I.9:5~11）

**(3:4~7) 是誰在懷疑？他在懷疑什麼？他在質問誰？誰會答覆
他？**

「是誰在懷疑」，自然是指選擇了妄念的心靈；「他在懷
疑什麼」，當然是懷疑自己的真相；「他在質問誰」，他在質問
心靈的另一部分；「誰會答覆他」，真正的答覆只可能來自他

自己。問題是，他已經否定了自己的真相，故無法聽到真正的答覆，因為他已把小我之音當成自己的心聲，深陷於妄念體系而難以自拔。耶穌延續這一理路，繼續發揮下去：

(4:1) 這一懷疑其實只是一種聲明：他不是他自己；他既成了其他東西，才能反過來質問那個東西。

對自己的真相起疑的人，表示他已認定自己是「其他東西」了，自然會把代表分裂思想體系的身體視為自己，並且開始質疑「那個東西」究竟是什麼。歷來無數的大思想家都在探索這類問題：我是誰？我怎麼來到世上的？存在的目的為何？世界是怎麼開始的？其實，無論由神學、哲學、心理學、生物學、化學或天文學的角度來探索，都毫無差別，因為問題本身是一個「偽問題」。唯有選擇與聖靈同在，才能不再疑惑，因為我們自然而然會「知道」。故質疑自己是誰，其實是替小我聲明立場：「我才不是那個真我，相反的，我必須搞清楚那個假我是怎麼一回事。」

(4:2~3) 然而，除非他知道答案所在，否則他根本無法活下去。他若假裝不知情地提出此問，這不過表示他無意成為原來的自己罷了。

這幾句話描繪出心靈的分裂狀態，因為它點明了我們心裡有一部分是知道答案的。耶穌多次說過：「我們不可能否認一個自己根本不知道的東西。」誠如下面這段引言所說：

> 你之所以否認祂，只因你曾經愛過祂，你知道自己一
> 旦承認愛祂，就再也無法否定祂了。因此，你對祂的
> 否認恰好影射出你對祂的愛，你也知道祂對你的愛。
> 別忘了，你企圖否認之物必是你一度相識之物。（T-
> 10.V.6:3~5）

我一旦選擇小我，必會抵制聖靈，縱然我心內有一部分知道祂所傳授的真理，但個體性對我太重要了，因此我還是決定選擇小我，放棄原有的一體生命，忘卻自己是上主創造的聖子。也因此，問題不在於自己缺乏真知，而是我根本**不想知道**真相。

(4:4) 他既然活著，表示他已經接受了這個自己，同時又存心抵制它，否定它的價值，寧可不知道那使他得以活在此地的唯一必然性。

說到究竟，我們的正念之心早已接受了自己的真相，因為那是生命臨在之處。別忘了，聖靈既是上主記憶的化身，也是一體生命的記憶，那個記憶既然永存於心靈內，表示永恆生命的那一念始終存在自己心內。耶穌說「他既然活著，表示他已經接受了這個自己」，言下之意，我們已然接受存於正念之心的那個我。然而，還有一個妄心存於我們內，它會繼續抵制永恆生命，設法保全它在小我心目中的那個自己。至此，我們再次看到了分裂心靈的內幕：正念之心和妄念之心，還有能夠從中選擇的抉擇者。

(5:1) 從此，他對自己的生命感到極不肯定，因他已否定了自己的生命真相。

代表我真實身分的「生命」始終存於心內；縱然我背棄它，遺忘它，也丟失不了這個圓滿自性。正因我選擇了失憶，才會對生命感到「極不肯定」，當然也無需為它負責了。

(5:2) 就是針對這個否定，你才需要救贖。

這又是一句關鍵語——救贖要化解的是小我的否定。耶穌在〈正文〉曾說：我們的任務就是「**否定對真理的否定**」（T-12.II.1:5）。也就是說，救贖的第一道「否定」，就是消去「小我對真理的否定」。只因為我們已作了一個錯誤選擇，否定了自己的真實生命，才需要救贖的修正作用，來解除那個錯誤選擇。耶穌在〈正文〉曾這麼說：

> 救贖具有「化解」（undo）之義。化解恐懼，乃是奇蹟得以發揮救贖功效不可或缺的因素。（T-1.I.26:2~3）

他在〈教師指南〉更是一語中的：

> 所謂救贖，不過是修正或化解自己的種種錯誤而已。（M-18.4:6）

由於我們已經拒絕了上主賦予的一體生命，否定了天堂的合一真相，故救贖的首要任務即是重申「分裂不曾發生過」，天堂始終圓滿無缺。救贖就是這樣瓦解小我和它的思想體系

的。這也是〈正文〉如此強調「一體本質」的深意所在：

> 只有救贖才能保障天國的安全，聖子奧體的一體本質
> 乃是它的護身符。只要聖子奧體結合起來，小我便難
> 以與天國抗衡。只要有人聽從聖靈的召喚而合為一
> 體，小我立刻潰不成軍。（T-5.IV.1:9~11）

**(5:3~7) 你的否定並未改變你的真相。只是你的心靈已經分裂
為二了，一部分知道真理，另一部分毫不知情。你就是你自
己。這一點毫無疑問。然而，你卻對此存疑。**

此處的「真理」究竟指什麼？就是「我們是上主的創
造」。不論我們多麼想否認這個生命真相，都不會有任何後果
的，「連天堂之歌的一個音符都不曾錯過」（T-26.V.5:4）。永
存於人心的聖靈，等於在為這一事實背書。準此而言，既然聖
靈的救贖始終存在我們心內，表示心靈有一部分已經接納或認
同它了，然而，又有一部分想要否認這個無法否認的真相，心
靈最後只好分裂為二。這就是為什麼人心永遠活在衝突中，也
成了世界永遠烽火連連的最終原因。我們始終都在與自己交
戰，這是小我的精心佈局，因為唯有引發衝突才能阻撓我們靜
下心來憶起上主的愛，確保小我心愛的個體生命高枕無憂：

> 唯有寧靜的心才可能憶起上主。這記憶不可能出現於
> 衝突的心中，因為與自己為敵的心靈無法憶起永恆的
> 溫柔。戰爭的利器不能用來推展和平，好勇鬥狠者

的記憶裡也沒有愛的蹤影。若非你心中還有戰勝別人的渴望與信念，否則戰爭根本無從孕生。你內在的衝突，影射出你仍相信小我有戰勝的可能。否則，還有什麼原因能使你與小我認同？（T-23.I.1:1~6）

確實，始終在跟自己與世界交戰的心靈，怎麼可能不自我懷疑，怎麼可能相信自己是永恆平安的自性？

(5:8) 你不敢去追究哪一部分的你才可能懷疑自己。

會懷疑自己的，只可能是妄念之心，也就是前文所說「不想知道真相的那一部分心靈」。但我絕不會去質疑妄念之心，因為那會間接指涉出我必然還有一個正念之心。也因此，我不敢追究真相，乾脆承認「我不知道自己是誰」，開始向外尋求解答。這麼一來，更證實了我是一個與眾不同的生命，難怪耶穌會說小我的反問其實是「自我宣傳」。

(5:9) 提出這問題的那一部分絕不可能是真的你。

句中的「你」，自然是指你心內始終知道真相的那一部分，它是不會質疑的。換句話說，喜歡質疑自己的，只可能是虛妄之我。然而，只要我們切身感受到耶穌的愛與平安，所有的疑慮當下便煙消雲散了；在那一刻，自己和耶穌一樣**變成**了答案。故當我們質問自己時，其實表示我們不願相信自己的終極真相。

(5:10) 因它在質問知道答案的那一部分。

　　也就是說，妄念之心開始質問正念之心；這意味著我的妄念之心已將自己和正念之心判為二物。設想一下，我若向你提問，便不可能覺得你和我是同一生命，而只會把你當作另一個人，比我聰明，知道我還不知道的答案。同理，這部分的我質問那部分的我「自己是誰」時，表示妄念之心和正念之心旗鼓相當，壁壘分明。然而，正念之心若是真正的我，那麼妄念之心便不可能是我。耶穌如此苦口婆心地反覆剖析，設法解除我們與小我的認同，給正念之心一個機會，恢復我們的身分。

(5:11) 它若真是你的一部分，那麼你生命千古不易的必然性便永遠失落了。

　　既然妄念之心代表不知真相的那一部分心靈，我若與它認同，從此便沒有一事一物我敢肯定的了。確切而言，不定性乃是妄念之心的本質；正念之心則具有必然性的本質，因它反映出一體境界，重申「心外無一物」的真相。妄念之心一旦變成真實之我的一部分，那麼，它的不定性便成了**我的**不定性，更別提它的虛幻本質了。總之，耶穌藉著巧妙的思辨邏輯幫我們釐清，我們心目中的自己並非真正的我，只要內心一起疑，或生出不確定之感，表示我再次否定自己的生命真相。

　　按照這個邏輯推演下去，當我們不斷請求耶穌答覆自己的提問時，不就等於認定耶穌和我是兩個不同的生命嗎？由此可見，我們仍是沒長大的孩子，需要長兄出手相助。但也要當

心，如果我們還戀戀不捨這個「不平等」的關係，便不可能領悟自己和耶穌根本是同一生命。終有一天，我們的靈性成熟了，即將抵達旅程終點時，便會恍然大悟，根本無人可問，因為我們和耶穌一樣，本身**就是**一切的答案。不消說，這個「**我們**」，是指與所有人一體不分的我，和自己心目中特殊又具體的我一點關係也沒有。

總之，提出疑問，等於存心助長分裂之心，因為它影射出另一個虛妄之我的存在。耶穌當然無意禁止我們提問，或要我們為此內疚，他只要我們明白，求助於他只是進入聖子一體境界的一個踏板而已，距離終點還有一段路程。一旦悟入一體之境，所有疑問煙消雲散，因為你自己成了一切的答案。下面這段引言為我們解釋了，唯有切身的體驗足以答覆所有的問題：

> 人間不可能有放諸四海皆準的神學理論的；然而，放諸四海皆準的經驗不只是可能，而且是必須的。本課程的目標就是指向這一經驗。……只有小我才會提出一堆問題，因為只有小我才有一堆疑惑。問題既然提出了，本課程只是提供另一種答覆而已。

> 小我勢必會提出各式各樣的問題，本課程卻無意作答。因為小我看不出自己只是假冒問題的形式，提出一個不可能有答案的問題而已。……這是無法作答的，只能靠體驗。把你的精力放在體驗上吧！不要再被神學思考耽誤了。（C-in.2:5~6;3:4~5;4:1~2,4~5）

(6:1) 救贖就是為了治療「人是可能懷疑自己而且無法肯定自己的」這種怪異心態。

　　小我會這麼說：「懷疑與不確定乃是人生現實，我們在學校裡不也鼓勵學生盡量提問嗎？」事實上，在整部課程中，耶穌經常把我們當成啟蒙階段的小孩，同樣鼓勵我們隨時向他請教。然而，若由實相層次來講，懷疑不定的心態等於「否定」自己的真實自性。我們已在前文解說過，救贖要化解的正是這種「否定」真理的心態，藉以揭開隱藏真相的面紗，我們才能對自己的基督身分肯定不疑。

(6:2~4) 這可說是瘋狂到了極點。然而這問題卻成了普世的人生大問。這表示世界顯然已經瘋了。

　　對人生感到茫然，充滿疑惑，自然會引發無邊無盡的疑問，這個世界確實無可理喻。喜歡質疑，充分反映出二元心態，因為在一體不二的境界裡，既無問題，也無需解答；這個一體性才是我們的存在真相。耶穌要我們知道二元世界的瘋狂程度，也只有神智徹底失常的人，才會相信自己不可能知道真相，竟然四處請教他人「我究竟是怎麼一回事？」這不正是「普世的人生大問」？

(6:5) 你何苦加入它的瘋狂陣容，而且悲哀地相信「這既是普世共有的問題，一定是真的」。

　　在海倫筆錄期間，耶穌曾跟她說：「告訴比爾，即使是五

千萬個法國人相信的事，也不保證它是正確的。」（《暫別永福／暫譯》P.234）莫說五千萬，縱然全世界六七十億人都相信，也無法弄假成真。瘋狂一念和六七十億個瘋狂之念，本質上完全一樣，這是《奇蹟課程》毫不妥協的立場，它把「非二元論」推到了極致。在這前提下，有形可見的知見世界自然成了一個謊言，因為它的二元本質違反了一體真知的實相：

> 上主之律無法直接運行於知見統治的世界，因為這樣的世界不可能出自天心，知見對天心而言也毫無意義。

> 知見出於你的選擇，真知則不然。真知只有一條定律可循，因為它只有一位造物主。（T-25.III.2:1;3:1~2）

(7:1~2) 人間所有的信念，沒有一個是真實的。世界存在的目的就是為了收容這一批聲稱不知道自己是誰的人，提供他們一個探索自己真相的地方。

「人間所有的信念，沒有一個是真實的」，因為整個世界莫不奠基於虛幻且瘋狂的那一念。耶穌說得這麼斬釘截鐵，不容我們等閒視之，而應好好反觀自己如何存心淡化這一事實。世上每個人都在問「我究竟是什麼」，然而，真想知道答案，必須先將當初打造出世界的分裂、判斷、特殊性以及疾病等等念頭釋放殆盡，剩下的便是千古不易的救贖，從此我們自然不再懷疑自己的真實身分了。也正因如此，世界的存在有了新的

目的，為我們提供了寬恕的教室。當我們進入神聖一刻，便會
憶起自性生命：

> 由錯誤而生的世界仍能為另一目的服務，因為它背後
> 還有一位「大製作人」，祂會將世界的目標協調到造
> 物主的目的下。祂眼中的世界，沒有一物不應得到寬
> 恕，祂只看得見無罪的生命。祂目光所及，無一不蒙
> 受全面的寬恕。那無罪性始終在心靈內燦然生光，沒
> 有一物阻礙得了它的光芒，縱然特殊性千方百計想將
> 它驅逐於心靈之外，企圖抬舉身體並取而代之，卻終
> 究徒勞而無功。（T-25.III.5:1~4）

於是，世界成了一間人生教室，我們在新老師的教誨下，
開始學習解除從小我學來的一切：

> 小我按照自己的認知方式營造它的世界，聖靈則知道
> 如何重新詮釋小我妄造的一切，世界在祂眼中，都成
> 了領你回家的教學工具。（T-5.III.11:1）

**(7:3) 他們會不斷回到此地，直到自己接受救贖，悟出人是不
可能懷疑自己或意識不到自己真相的。**

如果在此句的最後多加一個「不可能」，意義便更清晰
了：「不可能懷疑自己或〔不可能〕意識不到自己真相的。」
因為小我早已判定我們不僅「不可能」，而且「絕對」不會知
道自己的真相。救贖原則恰恰相反：我們不可能「**不**」知道自

性生命，因為那是我們自己的真相。這個記憶始終存在我們心內，只因我們全心抵制，它只能退在一旁，耐心地等候我們回心轉意。然而，在我們作出最終選擇之前，還不知得輪迴人間多少趟呢！

> 在旅途即將抵達終點之前，這道關卡會讓你明白此生的目的所在。你在此必須作一決定，究竟是要面對障礙，還是繼續東飄西蕩，留待日後再回頭選擇？（T-19.IV.四.10:7~8）

(8:1) 由於你的真相是千古不易的，你唯一需要作的，只是接受它而已。

沒人要求我們「修出」這個真相，只需「接受」它即可；可別混淆了這兩個觀點，失之毫釐，差之千里。耶穌鍥而不捨地規勸我們及早放下內心的抵制；心障一除，我們自然會憶起生命真相的。〈正文〉曾說：

> 小我善於分析；聖靈只是接納。（T-11.V.13:1）

為此，耶穌只要我們接受自己的真相，不要試圖了解或分析它，只是純然接受。

(8:2~3) 它在上主的天心以及你的心靈內早已定案了。絲毫不受任何懷疑及質問所動搖；你若質疑它的必然真相，不過顯示出「你相信自己不知道你不可能不知道的事情」這一矛盾心態罷了。

　　所有的「懷疑及質問」，不過是重申心靈分裂的事實。其實不僅如此，這也等於否定自己還有正念之心，把注意的焦點全都落在妄念之心，也就是活在身體和大腦裡的那個我。更糟的是，當我們質問真相時，洩露了我們不接受真相的立場，表示我們相信自己不僅建立了一套新的思想體系，還成功地為自己打造了一個新的身分，而且這一切都有憑有據，足以自圓其說。幸好我們的真實身分在上主天心內屹立不搖，仍然非我莫屬，只等著我接受。但這個前提仍是：我得下定決心，放棄前半生打造出來的那個假我才行。

(8:4) 這算得上是一個疑問嗎？還是一種自我否定的聲明？

　　這句話與上文異曲同工，所有的質疑都在重申我們是不同的生命，而我此刻反身質問，豈非證明了這一事實？

(8:5) 不要再讓這種荒謬的論調充斥我們聖潔的心靈吧！

　　耶穌規勸我們切莫企圖了解一個荒誕不經的思想體系，更別費心解釋那個無可理喻的虛妄現實。由此推之，我們也不必癡心妄想自己可能理解真理實相，因那超乎小我的理解能力。這是《奇蹟課程》的要旨，屢屢出現於三部書中。我下面引用的兩段〈正文〉，就是分別針對小我和真知而發的：

　　　　這就是小我世界的全面寫照。小我什麼也不是。毫無
　　　　意義可言。根本就不存在。不要企圖去理解它，因為

這樣一來，表示你相信它是可以理解的，那麼也是值得欣賞感謝以及愛的。如此，你就給了它一個存在的基礎，但它是不可能有任何存在理由的。你不能把毫無意義的東西變得有意義。只有瘋狂失常的人才會生出這類企圖。（T-7.VI.11:4~11）

本課程只能將你導向真知，然而真知本身卻超乎本課程的能力範圍。我們不必勉為其難地討論那超乎言詮之事。我們只需記住，凡是已抵達真實世界的人，註定會超越過去的；只是，超越的方式絕對是你後天學來的那一套所望塵莫及的。學習的盡頭，即是上主的起點，一切學習到祂這兒就結束了，因為祂是圓滿的。祂開始的那個起點是沒有終點的。我們不必為那「不可說」或「不可修」之境枉費精力。那已非學習能力所能及。但我們必須為真知之境準備自己，這是我們不能不修的功夫。（T-18.IX.11）

難怪，耶穌一再鼓勵我們「接受」真理即可，而不要企圖「分析」它。

(9:1) 我們在世負有一個使命。

「使命」，和外在的任務是兩碼子事，它是指我們的心靈接受了救贖，選擇新老師，修正了妄念，僅此而已。奇蹟學員面臨的一個陷阱，即是把「非具體」的寬恕信息詮釋為自己的

特殊使命，為此，我們實在應該謹記這一句奇蹟名言：

　　本課程是一部強調「因」而不強調「果」的課程。
　　（T-21.VII.7:8）

　　「因」，指的自然是心靈層次，寬恕的任務就是在改變心靈；「果」，則是指身體或行為層次，那不是我們該操心的事。可還記得耶穌的提醒：我們只需選擇奇蹟即可，而把推恩的任務交給聖靈（T-16.II.1:3~6）。

(9:2~3) 我們來此絕非為了鞏固自己過去所相信的瘋狂世界。願我們不要忘記自己所接受的人生目標。

　　我們心內有一部分已經接受了此生的目的——由夢中覺醒。然而，還有另一部分企圖抵制這個目標，不只把世界當真，還相信自己在這人間負有特殊任務。這種特殊性，正是耶穌所說的「瘋狂」。

(9:4) 我們所追求的不只是自己的幸福而已。

　　「一體」觀念再度出現了。它與第一百三十七課的主題異曲同工：「當我痊癒時，我不是獨自痊癒的。」在人間，根本沒有「**自己的幸福**」這一回事。倘若我真想幸福，只能以所有人的幸福為目標；同理，我若想憶起自己是上主之子的神聖身分，便不能排除任何一位弟兄的神聖本質：

　　你也許認為不會有人了解神聖性這個東西，你也無法

想像神聖性怎麼能夠推恩到每一個人身上。然而，你卻一再聽到我說，它必須涵蓋每一個人，才堪稱神聖。（T-16.II.1:1~2）

(9:5~7) 我們若能接受自己的真相，就等於再度重申了每一個人與我們共有的真相。不要辜負你的弟兄了！這等於辜負了你自己。唯有慈愛地看待他們，他們才會知道自己原是你的一部分，你也是他們的一部分。

只要親自領受了救贖，我心內的愛與平安必會自動延伸到每一個心靈，因為上主只有一位聖子。那麼，我最多只能充當弟兄的一個提醒而已，正如耶穌也只是我的示範，他提醒所有的人作出與他同樣的選擇。他的愛與平安好似捎信給我們：「你有能力作出和我一樣的選擇的，因為我不可能獨自療癒，所以整個聖子奧體必已和我一起療癒了。」看，耶穌在下面這段復活節喜訊中，何等生動地道出寬恕帶給我們和所有弟兄的美妙禮物：

復活節所慶祝的不是罪的代價，而是罪的結束。你若能由自己一邊接受、同時又一邊給出的雪白花瓣間驚鴻一瞥那隱在面紗後面的基督聖容，表示你能從弟兄的臉上認出他的本來面目了。當初你並不知道我是誰，卻收容了我這陌生人。如今你會透過自己獻出的百合而知道我的真實身分。這個令你感到生疏的陌生人，其實是陪伴你百千萬劫的道友；當你寬恕他時，

　　不僅他獲得釋放，你也隨著他一起得到了救贖。復活
　　節是歡樂的節日，別再哀悼死亡了。瞻仰那已復活的
　　道友吧！與我一起慶祝他的神聖生命。因為復活節不
　　只是我的也是你的得救之日。（T-20.I.4）

(10:1) 救贖要教你的就是這個，它要證明給你看，自認為不知
道自己真相的那個信念，侵犯不了上主之子的一體性。

　　救贖，只是教我們明白了，不論我們認定過去幹了什麼糗
事，都改變不了自己的真相。換句話說，不論我們內心曾經投
射了什麼判斷、攻擊或特殊性之念，對上主之子那個一體生命
產生不了任何影響。但除非我們由衷相信這一喜訊，否則我們
很難真正喜悅地活在人間。

(10:2~11:3) 今天就接受救贖吧！你無需改變實相，只需接受自
己的真相，並在上主無盡的愛中欣然上路。我們唯一需要做
的，僅此而已。我們今天所要做的，也僅此而已。

我們早晚各用五分鐘，全心致力於今天指定的功課。開始時，
我們先用下面的話再次提醒自己的使命：

　　　　　　我願親自接受救贖，
　　　　因為我仍是上主所創造的我。

　　請記住，耶穌在此說的和外在行為無關，奇蹟學員切莫把
書中的說法當做行為指標，它純粹是在教導我們如何起心動念

而已，或者毋寧說，它是教導我們如何選擇老師的一個指南。
既然身體和世界並不存在，耶穌豈會操心我們在人間表現得如
何？我們此生只有一個使命，就是回心轉意，親自領受救贖。
一旦接受了救贖的真理，憶起「我仍是上主所創造的我」乃是
必然的結局。

**(11:4) 我們從未失落上主按照祂的肖像創造我們時所賦予的那
個真知。**

〈正文〉第三章也有這麼一段話，最能安我們的心：失落
一物，並不代表永遠失去了它，很可能是我們忘了該往哪兒找
回而已：

> 你並沒有篡奪上主的大能，你只是把它失落了。幸
> 好，失落並不表示它消失了。你只是忘記自己把它
> 放到哪兒去了。它的存在不是靠你能否指認出它，也
> 不是看你要把它置於何處。你只需不加評判地正視
> 真相，單純地知道它就在那兒，這一點你是可以做到
> 的。（T-3.VI.9:2~6）

我們以為失落了的上主記憶，始終存於我們心內，只因聽
信了小我的謊言，到身外去尋，而找錯了地方。這正是小我要
我們「去找，但不要找到」的詭計。本課的設計（其實應該說
整套〈練習手冊〉，乃至整部《奇蹟課程》的設計），就是要
把我們重新帶回心內，找出小我想要隱瞞的真相，我們才會憶

起上主所創造的自性和祂自身是不可分割的生命。

(11:5~12:1) 我們能夠為所有的人憶起它來,因為在上主的造化裡,所有的心靈原是一個。我們依稀記得那一真相:弟兄與我們原是何等親密,每個心靈原是自己多麼重要的一部分,他們對我們又是如何忠心耿耿,天父的愛又如何眷顧著他們。

因著造物主之名,也因祂與整個造化一體之故,我們向全體造化獻上感恩。今天,撇開所有干擾我們這一神聖目標的雜念,每小時都重申一次我們對這使命的承諾。

「這一神聖目標」,可說是《奇蹟課程》的最高指標了。我若真想憶起自己的真相,或是真心願意牽起耶穌的手一起回家,首要之務必然是放棄和這個指標背道而馳的小我思維。就這一點來說,耶穌是無法越俎代庖的。放棄小我思維,其實就是向當初小我拒絕上主聖愛的那個原始決定說「不」。因此,我們今天要隨時警覺自己存心迴避那最高指標的花招,更別輕忽內心暗自偷襲慈愛念頭的伎倆。但我們也得諒解自己攻擊正念的隱衷,因為我們深恐一旦接受了耶穌的愛,自己的特殊性再也不保,唯有發動判斷和攻擊,才能保住心目中的我。畢竟,我們怎麼可能割捨得了自己的命根子!

本段課文再次向我們重申了一體觀念。既然所有的心靈都是同一個造化,那麼,出於正念之心的寬恕必然含有一體本質——**所有**的弟兄都是我的親人,因為他們和我一樣,都是上

主一體聖子的一部分。

(12:2~3) 世界會編出各種愚蠢的念頭來網住上主之子，願你的心靈在這幾分鐘內不受其擾。你便會明白，那令你覺知不到自己真相的桎梏其實脆弱不堪，只要你願這樣說：

那個「脆弱不堪」的「桎梏」，指的就是小我思想體系。然而，充滿愧疚、仇恨、痛苦和死亡的小我體系看起來如此勢不可擋，它怎麼可能脆弱不堪？除非我們退後一步，透過耶穌的眼光才能識破這隻紙老虎，原來它只是一片輕薄的面紗而已；也只有在小我的判斷眼神中，以罪為核心的思想體系才顯得如此猙獰恐怖。但只要和耶穌一起跳脫夢境，再回望世界，便會欣然發現那猙獰的罪竟然不曾發生任何作用。總之，一落入夢境，世界看似萬惡不赦；一跳脫夢境，一切原是黃粱一夢。下面這一段引言為我們對比了小我和耶穌對「罪」的觀點，它們最根本的不同，即是幻相和真相之別：

> 我們確實可以說，小我的整個世界都是建立在罪之上的。只有這種世界才會如此是非顛倒。就是這種詭譎而虛幻的「罪」撒出了「咎」的天羅地網，密不透風，把人壓得喘不過氣。整個世界就這樣在罪咎中找到一個穩固的基地。因為罪已將一切造化由上主的神聖理念改造為小我理想中的模樣，小我世界於焉形成。它造出了一堆喪失心靈的身體，逃避不了腐朽與死亡的結局。如果這只是一個誤解，真相便能輕而易

舉地將它化解。只要你肯讓真相去評判,任何錯誤都
會當下獲得修正。(T-19.II.6:1~7)

正因如此,我才一再反覆強調,如果真心想要操練《奇蹟
課程》,不能不和聖靈或耶穌保持密切聯繫。若缺少了他們的
提醒,我們對小我的表現真的很難不動輒批判的。

我們以本課最後這一句作為總結:

(12:4) 我願親自接受救贖,因為我仍是上主所創造的我。

凡是真想操練這部課程的學員,應該謹記這一秘訣:**上主
只創造了一個生命**。為此,任何念頭若有離間我與弟兄的傾
向,都隱藏了我存心否認自己終極身分的企圖。只要我還認為
自己的幸福和痛苦都是外在世界引起的,當下便否定了救贖原
則,表示我還不想憶起自己的生命實相。但這不是罪,只是一
個錯誤而已;一旦看清這是出於自己的選擇,修正便成了輕而
易舉的事了。故我們必須隨時警覺自己的特殊性,尤其是企圖
傷害上主之子一體生命的那些念頭或行為反應。當然,耶穌無
意讓我們為特殊性內疚,他只要我們隨時提高警覺。因為唯有
勇於正視小我,我們才可能領受救贖。一旦破除這個關卡,
「我仍是上主所創造的我」這個神聖記憶,便會自然而然浮現
心中。

第一百四十課

只有救恩堪稱為治療

　　這一課實在饒富深意！它使用了世間通用的「治療」（cure）一詞，這個詞彙在〈正文〉只出現過一次，〈練習手冊〉也僅限於這一課連續使用，但在〈心理治療〉及〈頌禱〉則屢見不鮮。「治療」，通常是針對身體而言，心理治療師雖然也會提到心靈的療癒，但他們對**心靈**的詮釋和《奇蹟課程》所說的大異其趣，故使用**治療**一詞時，通常是在影射身體或心理「出狀況了」。本課則透過「疾病」來探討「問題究竟出在何處」，並且重申我們十分熟悉的觀念：只有心靈才可能生病。因此，若想「治癒」，必須治療（或療癒）被罪咎之念壓得喘不過氣的心靈才是正著。

　　本課再次提到「怪力亂神」的觀念，刻意將它和療癒作一對照。凡是針對外表症狀所提供的解決方案，統稱為怪力亂神，因為它們不過是虛晃一招，無法解決真正的病因。真正的

療癒必須從問題的源頭痛下針砭，直指心靈決定與小我認同的
那個選擇。

　　本課著墨較多的還有奇蹟第一原則「奇蹟沒有難易之
分」，強調所有的問題都是同一回事，不論是生理或心理的症
狀，也不論痛苦的程度，問題的本質全然相同。故奇蹟第一原
則直接推翻了小我第一條無明法則（T-23.II.2:3），重申幻相沒
有等級之別。

**(1:1~2)「治療」這兩個字，不該與世間視為有益的任何藥方混
為一談。世人心目中的療效，不外是把身體弄「好一點」。**

　　這一段所說的身體是指生理與心理的層次。世間的藥方可
能緩解某些症狀，雖然會有一時之效，但它們根治不了真正的
病因。這並不是說不該設法為身體解危，或該因此內疚，我
們只需正確地將這類應變措施歸於「怪力亂神」之列即可。不
過，下面這段引言說得很明白，怪力亂神並非罪惡：

> 你若接受各種物質性的身體療法，就等於再次重申怪
> 力亂神的運作原則。……我並不是說，利用物質能力
> 來達到修正目的本身是件邪惡的事。（T-2.IV.4:1,4）

　　關鍵是，怪力亂神療癒不了心靈，因為它無法幫我們從夢
中覺醒；雖然它有時能減輕疾病的威脅，對自己或他人有一時
緩解或撫慰的效用。但耶穌要我們明白，心病只能用心藥來
醫，不論何時何地或何種疾病，唯有投以「寬恕」的心藥，方

能產生真正的療效。

(1:3) 當它試圖治療心靈時,自然會把心靈與身體視為一物,因它認為心靈是活在身體內的。

　　這一段話不僅可套用在傳統和非傳統的醫學,也適用於傳統和非傳統的心理治療領域。

(1:4~5) 因此,它的治療方式勢必會用一個幻相來取代另一個幻相。當原有的疾病信念換上另一套形式之後,病人便以為自己康復了。

　　打個比方,我們頭痛時,服用一顆阿司匹靈便能緩解頭痛,讓身體好受一點。這樣做本身不是問題,問題在於它完全沒有觸及頭痛的真正原因,也就是心靈存心想要生病,證明自己罪孽深重,而讓身體承受其苦。我們說過很多次,改善身體狀況並非壞事,**錯在**它讓我們誤以為問題解決了,其實根本沒有解決,反而任由問題暗中坐大,不時作祟,再度形成身體的疾病或心理上的怨尤。由於我們不知道投射的真正原因,自然感到身不由己,投射便愈演愈烈,從一個症狀換成另一症狀,如課文所說的「用一個幻相來取代另一個幻相」。耶穌繼續發揮下去:

(2:1~3) 其實他並沒有痊癒。他只是夢見自己生病,又在夢中找到了一帖神奇的藥方而恢復了健康。然而,他並未由夢中甦醒,因此他的心靈依舊在原地徘徊。

　　由於心內的咎紋風不動，所以什麼也沒有改變。這解釋了身體生病的真正原因，只因我們堅信自己的問題出在身體，和心靈無關，於是全力以赴改善身體，不自覺地落入小我的失心詭計，徹底忘了心靈選擇分裂而引發的罪咎感才是一切問題的癥結。疾病的肇因一日不除，便會不斷投射為生理症狀，這正是佛洛伊德所說的「症狀替代」（symptom substitution）：如果病因不除，必會衍生出其他症狀。總之，不論我們意識到兩者的關聯與否，心中只要還存有「咎」，那麼，它投射在心上的陰影就會衍生出各式各樣的身心症狀。

(2:4~7) 他尚未見到那能喚醒他而結束一切夢境的光明。不論他夢到什麼，對實相豈能產生任何影響？人不是睡著了，就是清醒的。沒有中間地帶。

　　這段話屬於「層次一」的表述：非真即幻，絕無中間地帶。虛幻的世界不論打造出哪一種夢境，都毫無差別，因為全是虛構的。這就是「**奇蹟或療癒沒有難易之分**」的道理所在。問題只可能出在夢者的心內，化解之道也極其簡單，選擇另一位老師便是了。總之，分裂信念才是問題的癥結，是它引發了罪咎，繼而衍生出物質世界及種種病症。所以唯有轉向聖靈，才可能領悟「既無分裂，也無罪咎可言」的真相；分裂之因一除，物質世界、身心所有問題頓失立足之地。也因此，只需看清所有的問題都是同一回事，我們便療癒了。

　　療癒也沒有難易之分，因為所有的疾病都是幻相。當

你治療精神病患時，難道陣勢大一些的錯覺妄想會比小規模的錯覺更難驅除？難道聲音響亮一點的幻聽，會比輕聲細語的幻聽更容易使他信以為真？難道在他耳邊輕聲慫恿他去殺人的幻音，會比大聲的命令更容易讓他聽若罔聞？難道魔鬼手持的耙子有幾根叉，會改變他對魔鬼的相信程度？他的心靈一旦把它們全都鑑定為真實之後，它們對他便全都變成真的了。唯有等到他明白這一切全是幻相，它們才會消失蹤影的。療癒的道理也是如此。幻相之間的差異性影響不了大局的，因那些形形色色的分別相和幻相本身一樣虛幻不實。（M-8.5）

當心靈容許聖靈進入它的夢境，救贖的光明便會將我們從小我的疾病之夢喚醒。

(3:1) 聖靈帶給人的幸福之夢，與世界之夢迥然不同；活在夢裡的人最多只能夢見自己是清醒的。

「幸福之夢」和美好的世界是兩碼子事，它代表寬恕之夢化解了小我的攻擊與罪咎的噩夢，讓我們憶起聖子奧體的共同福祉，欣然修正了人心根深柢固的分裂信念。

(3:2) 寬恕顯示給心靈的夢境，不會導入另一種昏睡狀態而延續下一個夢。

寬恕雖能化解幻相，但別忘了，它本身也屬於幻相，因為

它化解的是從未發生的事。我們先前解釋過,寬恕只是不再陷入小我的「罪咎—攻擊」和「攻擊—防衛」的惡性循環,因而不會助長幻相的勢力,這是它和所有幻相大不相同之處。寬恕的終極目標是將我們由夢中喚醒,而小我的目標恰恰相反,它想方設法讓我們繼續昏睡下去,因而打造出種種攻擊和分裂的幻相,目的就是要把罪弄假成真,再進一步把罪轉嫁於他人。投射的結果使得罪惡無所不在,仇恨便成了世界大夢的存在本質,最終的目的,說穿了,仍是為了掩護小我不敢告人的罪咎之夢。(T-27.VII.11:6~12:2)

(3:3) 幸福之夢乃是真理即將來臨的先兆。

寬恕和療癒的幸福美夢乃是「真理即將來臨的先兆」,它備妥我們的心田,為真理的到來鋪路。但它們只是宣告真理的喜訊,而非真理本身,〈正文〉「永恆境界的先驅」那一節為我們描述了神聖關係的先驅作用:

> 每個結合的奇蹟都成了永恆境界的偉大先驅。凡是目的單一、明確又統一的,必是大無畏之人。凡是懷有同一目的的人,必然合為一體。

> 永恆境界的每一位先驅都在歌頌著罪惡與恐懼的結束。他們雖仍活在時空中,卻已開始講述超越時空的事情。兩種聲音同時揚起,在每個人的心中共鳴,匯為一個心跳。這同一心跳等於在歡迎與傳揚一體之愛。(T-20.V.1:6~2:4)

為此，唯有寬恕能在正念之心內反映出真理，將我們導向永恆之境。

(3:4~5) 它幫人由睡夢中緩緩甦醒，使夢境一逝不返。這種治療才有永恆的效用。

之所以說「這種治療才有永恆的效用」，正因為它直搗黃龍，解除了打造出時間的元兇──罪咎。反之，怪力亂神充其量只能解除世界或身體層次的表因，根本碰不到問題的源頭。唯有奇蹟，方能溫柔地把我們的心神引領至真正的病根，亦即當初選擇與罪咎認同的那個決定。如今，我們終於有了修正的機會，僅憑一個寬恕，便一舉化解了先前的錯誤：

> 我的孩子，不要害怕，讓奇蹟溫柔地點亮你的世界！你在何處看到你和弟兄的小小間隙，就得在那兒與他結合。如此，你才能看出疾病根本沒有存在之因。寬恕帶來的療癒之夢便會輕輕告訴你，你從未犯過罪。奇蹟不會為你留下任何罪咎的痕跡，不會為那虛晃一招的世事作證。它會在你的倉儲騰出一個空位，歡迎天父與你的自性。（T-28.III.8:1~6）

(4:1) 救贖的療效是萬無一失的，它能治療所有的疾病。

救贖有「治療」的「療效」，是基於它具有化解罪咎的功能。這兒故意採用「治療」一詞，讓我們立即聯想到身體，因而給予我們一個覺察錯誤而接受修正的機會。

(4:2) 心靈若已明白疾病只不過是一個夢，便不會被夢的外形所蒙蔽。

《奇蹟課程》三番兩次提醒我們：切勿受到肉眼蒙蔽。我們很清楚，耶穌從不要求我們否認現實世界，漠視人間的苦難，他只是教我們不要因為苦難的表相而失去心靈的平安，如此而已。我們**是**可能活在世界卻不被它左右的，這當然需要相當的儆醒和修行。只要持之以恆，終有一天，我們會領悟到自己的真實生命確實超乎世界之上；如此，方能溫柔地面對人間疾苦而不被表相蒙蔽。我們一旦領悟出自己的生命真相存於夢境之外，自然不會陷入他人的疾病之夢，因而助長幻相的氣焰。從此，我們便成了聖靈的療癒工具，為世人親身示範疾病之夢確實侵擾不了聖子的平安：

> 每當你接受一個奇蹟，等於停止為你當前的夢境增添恐怖情節。夢境就會後繼無力而逐漸消逝，終至不留一點痕跡。因為夢境是靠你的支持而坐大的。

> 心靈原本不會生病，除非另一顆心靈同意他們是分裂的生命。所以生病必然出自雙方的共同決定。你若不同意，不參與把疾病弄假成真的那類戲碼，不助長另一顆心靈把自己視為與你分裂的個體，它就無法將自己的罪咎投射到身體。如此，你們的心靈便不會用分裂的眼光去看有病的身體。只要與弟兄的心靈結合，便能預防疾病之因以及具體病症。療癒是心靈

結合的必然結果，疾病則是心靈分裂的結果。（T-28.
III.1:6~2:6）

奇蹟，足以消除人心內隱藏的一切罪咎，成為療癒最有力
的工具。在整部課程中，耶穌也曾多次描述這種「療癒的奇
蹟」（T-28.IV.10:9;M-22.4:4）。

**(4:3) 它無法侵入無罪無咎之處，因疾病本身只是內疚的一種
化身。**

疾病就是罪咎，那麼，若無罪咎，便無疾病可言。耶穌說
得不能再清楚了！縱然生理或心理仍會呈現有形可見的症狀，
但若無「咎」的作祟，我們在心靈的層次並不會感到自己「有
病」。所以說，疾病和罪咎根本是同一回事。同理，這人有病
或沒病，不能靠外在症狀（形式）來界定，而應著眼於心靈投
射於身體的「咎」（內涵）。關於這一點，沒有比下面這兩段
引言說得更透徹的了：

> 上主之子一旦被視為有罪之身，疾病便勢所不免。它
> 會應人心之請而來，如影隨形。凡是招請疾病上門的
> 人，就會中邪似地四處追逐無效的解藥，因為他們的
> 信心全置於疾病之上，而非救恩本身。……疾病也是
> 罪咎的一道陰影而已，它既然屬於一種畸形，怎麼可
> 能不顯得怪誕醜陋？你一旦把這個怪物當真，它的陰
> 影怎麼可能不更加畸形？

當人決定把罪咎當真以後，他便別無選擇，只好一步一步走向地獄。於是，疾病、死亡與痛苦猶如無情的浪濤，在人間肆虐，它們有時聯袂而至，有時前仆後繼。（P-2.IV.2:1~3,6~7;3:1~2）

問題一經釐清，解決方案即刻揭曉。我們繼續讀下去：

(4:4~7) 救贖的目的不在治癒病人，因那稱不上是一種治癒。救贖能除去導致疾病的內疚。那才算是真正的治癒。如今，疾病已經一逝不返，再也沒有捲土重來的機會了。

關於疾病和療癒的本質，在整部課程中，我們再也找不到比這更明確的界定了。救贖的功能不是改善症狀，它不會幫你的斷肢重生或修復損壞的器官，因為這些和「真正的治癒」完全是兩回事。救贖只是「除去導致疾病的內疚」，從不著眼於外在症狀；它以奇蹟為媒介，徹底消除疾病的真實肇因，僅此而已。大家或許還記得下面這兩段力透紙背的奇蹟論述：

奇蹟本身一無所作，它只有化解的功能，旨在消除過去一切妄作對你造成的干擾。它不增添任何東西，只有解除的作用。而它所解除之物，其實早已不存在，……奇蹟不過讓你看到，過去的終於過去了；既然已經過去，對你便無任何作用。即使你念念不忘那一起因，最多也只能賦予它一個存在的幻相，對你依舊產生不了任何影響。

罪咎引發的一切後遺症也不復存在，因罪咎本身已
經過去了。肇因一除，遺害自然隨之化解。（T-28.
I.1:1~5,8~9;2:1~3）

外在症狀只是罪咎形成的「**果**」，咎才是一切疾病之
「**因**」。若要了解其中深意，不僅應記得「身體不在心靈之外」
（因為身體根本就不存在），還應該記住「心靈不在身體之內」
才行。說到底，疾病只是心靈相信自己犯下背叛上主聖愛的罪
而留在心內的一道陰影罷了，為此之故，所謂救贖，不過是修
正這一錯誤而選擇聖靈，徹底瓦解分裂、罪咎和攻擊的信念，
疾病也必會隨之銷聲匿跡。罪咎一除，無處寄身的疾病只好
「一逝不返」了。

**(5:1) 已在上主內痊癒而且不再徘徊於夢境的人，願平安歸於
你。**

由這句話，我們不難讀出耶穌的苦心：「你若能以我為
師，平安非你莫屬，因為我就是上主的平安。」反之，我們若
執意要從世界的特殊性幻相去解讀問題，試圖尋找治療的解
方，永遠也不可能活得平安的。

**(5:2) 痊癒必然來自生命的神聖本質，你一執著於罪的蹤影，
神聖性便無跡可循。**

我們的神聖性存於正念之心，罪則存於妄念之心。請記
得，《奇蹟課程》永遠針對心靈層次來開講。當我決心與小我

分手，轉向聖靈，憶起自己原是神聖的基督時，痊癒是必然的結果；反之，我若自認有罪，甘心承受罪咎、恐懼、攻擊、疾病和死亡的結果，等於擺明了我並不想要這個神聖的生命。請留意句中的「執著」一詞，它要我們意識到自己對罪的執著，簡直可說是匍匐在罪的腳下；只因罪最能鞏固個體之我的存在感，我才會無怨無悔地抓著罪不放。但在同時，我有自知之明，我的獨立生命只要一跟神聖生命照面，立即消失於無形。可以說，罪正是保護小我的最有力盾牌；然而，一旦我們放下罪的信念，天堂的神聖之歌便會在心中響起：

> 逐漸轉化為真理祭壇的世界，就在你過去看到罪的地方冉冉升起，而你就在這兒融入天堂之光，加入感恩之頌。這些光明為了自身的圓滿來到你這裡，你也樂於與它同行。凡是聽見天堂之歌的人，是不可能沉默的，他會全力為那歌聲助陣，使它更加悅耳動聽。所有的人都會在罪的廢墟所升起的祭壇前加入宇宙大合唱。本來微不可聞之聲，如今處處歌聲嘹亮，整個宇宙都化為一首壯麗的讚美詩。（T-26.IV.5）

(5:3~4) 上主住在神聖的殿宇內。只要是罪所涉足之處，祂就被攔阻於外。

「神聖的殿宇」，當然是指心靈，而非教堂廟宇這類建築物。上主之所以會被罪「攔阻於外」，正是基於本課程「非此即彼」的原則。我們剛在第二段的結尾讀過類似的觀念：「人

不是睡著了，就是清醒的。沒有中間地帶。」總括來說，神
聖或不神聖，上主臨在或不在，我們不是選擇這個就是選擇那
個，全都一樣，絲毫沒有中間地帶。《奇蹟課程》循循善誘，
設法讓我們體會到，這個被視為至寶的個體之我，明明令自己
吃盡了苦頭，為何我仍死抓著不放？只有精神錯亂的人才會指
望它能帶來幸福，因為選擇了個體生命而自認有罪的人，自然
與上主的一體生命絕緣了；從此，我成了真理的仲裁者，使我
的存在更加屹立不搖了：

> 犯罪，表示你不只冒犯了真相，並且詭計得逞。罪，
> 等於聲明攻擊確實發生了，你理當為此感到罪咎。它
> 認定上主之子真的犯了罪，必然喪失了純潔本性，就
> 這樣，上主之子把自己轉變為另一個與上主創造初衷
> 截然不同的生命。由此證明上主的創造絕不可能是千
> 古不易的，祂的旨意也會遭人抵制而挫敗。罪是一個
> 極大的幻相，凸顯出小我所有的傲慢與自大。它好似
> 改造了上主，使祂不再圓滿無缺。（T-19.II.2:2~7）

> ……如果罪是真的，上主和你就不可能是真的。……
> 上主與祂的造化好似分道揚鑣，各行其是，祂們的國
> 度也好似整個被你推翻了。罪是為了向你證明上主的
> 神聖造化不僅抵制不了罪，而且在罪的淫威之下自身
> 難保。（T-19.III.6:1;7:4~5）

(5:5) 然而，上主原是無所不在的。

　　這是救贖原則的另一種詮釋：沒有一物可能存在於上主天心之外。但在夢境中，上主確實好像缺席了，只因我們打造世界的動機就是**不容**上主涉足其中。〈練習手冊〉下篇有這麼一句一針見血的話：

> 為此，世界成了上主無法插足之地，……。（W-PII.三.2:4）

(5:6~7) 因此，罪不可能找到一個能夠迴避祂慈愛的地方落腳。祂的神聖性既然無所不在，罪及疾病必然無處安身。

　　在夢中，我們還真有可能躲開上主，難怪耶穌邀請我們和他一起提昇到夢境之上，唯有在此才可能看到無所不在的上主，因為在此，分裂不曾發生過。天堂之外，沒有其他地方存在；除了上主的圓滿一體生命，沒有其他生命存在。誠然，我們仍有自由相信小我樹立的種種偶像，崇拜它們的特殊性，然而，不論我們多麼相信這些鄙陋的贗品，它們永遠也取代不了真知真理：

> 偶像存在於何處？它不在任何地方！無限之境內豈容得下間隙，任憑時間侵入永恆？光明遍照之處，黑暗豈有容身之地？無窮無盡之境怎會裂出陰暗的一角？上主為萬物保留的永恆境界，只容得下上主的旨意，豈有偶像立足之地？上主既是一切，而且無所不在，那麼，偶像必然什麼都不是，也必然不在任何地方。
> （T-29.VIII.7）

(6:1) 就是這一思維具有治療的力量。

這句話和剛才所讀的最後一段緊密呼應。「具有治療的力量」之念，當然是指救贖原則，它斬釘截鐵地說：「凡是不屬於上主的，只可能是虛無。」一句話就把罪咎、痛苦、疾病之念打回虛無的老巢了（M-13.1:2）。

(6:2~3) 它不會在虛幻表相之間分別取捨。它也無意治療那根本無病之物，而錯失了真正有待治癒的對象。

由此可知，救贖旨在提醒我們真正有待療癒之處，以免我們又把療癒誤置於身體。其實，凡是自認為是一具身體的人，眼光一定會落在身體上，而忘了有待療癒的心靈，為此，耶穌如此規勸我們：

> 不要設法去改變世界，而應決心改變你對世界的看法。（T-21.in.1:7）

我們無妨把這句引言改為：「不要設法去療癒有病的身體，而應決心改變你對這具有病之身的看法。」身體症狀其實和人間百態一樣，都不過是一個警告信號；我們非常需要耶穌的指點，讓我們在自己和他人身體所發出的信號，認出那是自己的心靈選擇了疾病所投出的陰影而已。我們先前也說過，生理或心理的疾病純屬「一種畸形」（P-2.IV.2:6），只是病態的罪咎投下的陰影，它好似昭告世人：「我**不是**上主所創造的我，我是一個有限而且孤立的個體。」既然所有的咎是同一回

事，所有的疾病自然也是同一回事，所以才說「它〔救贖之念〕不會在虛幻表相之間分別取捨」。總之，罪咎就是罪咎，幻相就是幻相。

(6:4~7) 它不搞怪力亂神。它只是訴諸真相，那才有治癒的能力，也才有永恆的療效。這種思維不會根據幻相的大小、表面嚴重性，或任何外在形式而妄加評判。它只是把焦點對準真相，而且深知眼前的幻相沒有一個是真實的。

這一段話再度重申了「奇蹟沒有難易之分」的道理。無論是手指扎了一根刺或罹患癌症，是小吵小鬧或核子大戰，都是同一錯誤，同一內涵，因為它們全都指向那個子虛烏有的咎。當然，一落入夢境，就不是這麼一回事了。耶穌並不要我們否認現實，但他非常期待我們牽起他的手，與他一起提昇到夢境之上，再俯視自己的一生，便會明白那真是一場瘋狂鬧劇。如此，才能把小我的怪力亂神轉為奇蹟，成為救贖的療癒工具。

(7:1) 今天，我們不再設法治療那根本就不可能患病之物。

「根本就不可能患病之物」，指的當然是身體。這並非說生病時不可服藥，耶穌只希望我們別把那些怪力亂神的解方和真實療癒混為一談，縱然它們確實有減輕症狀的療效。我也再三提醒奇蹟學員，切莫以《課程》有關奇蹟的說法為由，有病卻不看醫生，累了不休息，餓了也不好好進食。耶穌只是要我們明白，怪力亂神的解方治癒不了人心的分裂之念，而那才是

一切問題的終極原因：

> 你若只明白身體是可以療癒的，奇蹟便發揮不了真正
> 的作用，因為這不是它要教你的功課。它要你明白，
> 心靈必然已經生病了，才會認為身體可能生病，因
> 為是心靈把那既無因又無果的罪咎投射到身體上的。
> （T-28.II.11:6~7）

**(7:2) 我們必須先找出疾病的癥結所在，然後在病源上痛下針
砭，才有治癒的可能。**

　　簡單說，若從心靈著手療癒，身體必然一併獲癒。耶穌
在此好似自相矛盾，第一句才說身體「不可能患病」，第二句
馬上又要我們「找出疾病的癥結……然後……痛下針砭」。其
實，他的用意仍是在提醒我們，切莫一味著眼於身體，而應從
心靈下手，因心靈才是疾病之因；病因一化解，症狀自然消
失。凡是感受到耶穌的愛與平安之人，必有「愛到病除」的平
安體驗。這可說是十分「正面」的療癒法，因為在療癒的那一
刻，身體已經形同虛設了（T-18.VII.3:1）。所以才說，身體感
覺如何，與療癒毫無關係。可還記得〈練習手冊〉這一段話：

> 你若明白了「身體不該有任何感覺」這一道理，表示
> 你練習有成。如果你練習得法，就不會有健康或生
> 病，痛苦或快慰的特殊感受。（W-136.17:2~3）

　　現在，回過頭來看本段第二句課文，它的言下之意是說：

領受救贖，你就痊癒了，因為痊癒的經驗會自動延伸到身體，令你根本感覺不到自己是否有病。總之，我們一旦進入愛中，身體變得無足輕重，就跟形同虛設沒兩樣。

(7:3~5) 世上所提供的藥方，根本無法帶來任何改變。真正改變的只有那將幻相帶入真相的心靈。這是唯一可能改變的。

確切而言，人間所有的憂慮都是一種疾病。當我把身體的憂慮擺在永存心內的真理前，等於把陰暗的幻相帶入真理光明，也等於將小我之念交託給耶穌，療癒便開始了。別忘了，疾病與分裂是同一回事，故當我決心和這位新老師結合，無異於否定了分裂的事實，我便不藥而癒了。了解了療癒的本質，自然明白有待治療的對象是什麼。無論生病、焦慮、沮喪或憤怒，原因都只有一個，就是我們拒絕耶穌的愛而誤牽了小我的手。一旦看清這個內幕，選擇就變得十分簡單：我究竟想要受苦下去，還是甘心認錯？如果我寧願受苦下去，表示我堅持自己是對的；倘若我甘心認錯，表示我不再留戀分裂之境的種種苦果了。

> 別往身外追尋了。你所有的痛苦都是因為你認定那兒有你想要之物，結果卻一無所獲。如果你要的東西不在那兒呢？你寧願自己是對的，還是寧願自己幸福？你該慶幸有人為你指出幸福之所在，別往他處追尋了，不會有結果的。你與生俱有了知真相的天賦，只要你不再往身外追尋。（T-29.VII.1:6~12）

　　簡言之，我們若明白了選擇的內涵，便知道自己根本就沒有選擇的餘地。於是，平安自然取代了痛苦，療癒取代了疾病，上主取代了小我；平安終於重回我們心中。

(7:6) 試想，一個幻相與另一幻相之間，除了一堆毫無實質，又無真實內涵，亦無真正差別的特徵以外，它們有何不同？

　　這兒再次重申了奇蹟的第一原則，它徹底推翻了小我的第一條無明法則「幻相有層次之分」（T-23.II.2:3）。下面這段〈正文〉有如本段課文的引申，它敦促我們勿受變化萬千的**幻相**所蒙蔽，看清幻相背後所隱藏同等虛幻的**內涵**：

> 除非奇蹟能夠治癒所有的疾病，否則表示它根本沒有療癒的能力。奇蹟的宗旨不是幫你評估哪一種形式或哪一種表相才是真的。如果真有一種表相是無法治癒的，表示有個幻相已經魚目混珠成為真相的一部分了。（T-30.VI.7:1~3）

(8:1~2) 今天，我們要設法改變自己對疾病的看法，因為我們所追尋的是治療一切幻相的藥方，而不只是把一種幻相改成另一種幻相而已。今天，我們要設法找到治癒的源頭，它就在我們的心內，因為那是天父將它安置於此的。

　　「天父將它安置於此的」，當然是比喻的說法。我們早已解釋過，上主既然不可能知道疾病的存在，怎麼可能把「治癒的源頭」置於我們心中？它要說的是，當心靈陷於昏睡，落入

分裂夢境之際，仍留在記憶中、具有療癒能力的聖靈，也伴隨我們一起入夢了。我們若想繼續執著自己的個人特質，就會暗中切斷「心靈的分裂問題」以及「世界和身體所經歷的衝突矛盾」兩者之間的內在聯繫，而把心靈內的療癒源頭愈推愈遠。所以說，如果真想療癒，只需要將問題帶回到它的源頭那兒便成了。換言之，我們不再把心力放在治標不治本的療法，而致力於真能解除**病因**的療癒。如此，世界才有脫離苦海的希望：

> 夢只可能出現於沉睡的心靈。你豈能把夢中景象投射
> 於外而把這個夢弄假成真？……別再設法由天父之外
> 尋找出路了。你不可能在絕望之地找到幸福的希望
> 的。（T-29.VII.9:1~2;10:6~7）

只要真正明白了「改變虛幻的表相不會帶來真正的療癒」，人生必有轉機；否則，一味寄望怪力亂神來治癒我們，終會陷於絕望的，因為心病必會繼續作祟下去。唯有選擇奇蹟，才有療癒的希望，因為不論疾病幻化出多少幻相，奇蹟都能根除它們背後的同一病因：

> 因此，疾病只是一個有待修正的錯誤而已。……疾
> 病若是真實的，你就不能視若無睹，因為只有精神
> 錯亂的人才會視而不見發生在眼前的事情。這正是怪
> 力亂神的用意所在，誤導你的知覺能力，而把幻相
> 弄假成真。這是不可能療癒任何疾病的，因它與真相
> 背道而馳。它也許能用某種健康的幻相暫時取代眼前

的疾病，但都為時不久。恐懼不可能永遠藏身於幻相
背後，因為它本身就是幻相的一部分。它既是幻相之
源，遲早會掙脫你的控制，改頭換面，捲土重來的。
（P-2.IV.7:1,3~8）

(8:3) 它比我們和自己的距離還近。

　　也就是說，疾病和療癒兩者都在我們心內，近在咫尺，切
莫向外尋求。但我們必須非常清楚自己的心在哪兒，否則一定
會找錯地方的。要知道，我心目中的我和自己這一具身體是
兩回事，我若想覺醒於真實的我，得先療癒藏在心內的虛幻自
我，它才是我的疾病之源，因它存心隱瞞我們當初「決心放棄
純潔自性而與罪咎認同」那個事實。若要療癒心靈這個錯誤的
選擇，也唯有寬恕一途。對此，〈心理治療〉又有一段精彩的
解說，我們來讀一下：

　　因此，心理治療的過程可以簡單地界定為寬恕的過
程，因為沒有一種療癒離得開寬恕的。不寬恕者即是
有病之人，因他必會認為自己不可寬恕，因而緊抓著
罪咎不放，視之為護身符，指望它慈愛的保護，警覺
地防衛……，這一切反應其實都是拒絕寬恕的可悲之
舉。病人一邊哀悼失落之苦，一邊卻樂此不疲，這等
於再三警告上主：「上主止步！」唯有當病人開始聽
到自己所唱的輓歌，敢反身質問它的真正用意時，才
有療癒的希望。然而他必須先親耳聽到，才會聽出那

輓歌哀悼的竟是自己。聽到那首哀歌，才算是踏出了康復的第一步。反身質問，成了康復的一種決定。（P-2.VI.1）

正因疾病和療癒兩者均出於自己的選擇，而「天上人間一切的權能」全都繫於有抉擇能力的那一部分心靈。耶穌也曾借用《聖經》的說法，說明療癒「比我們和自己的距離還近」：

我的心與你的心永遠一樣，因為我們是平等的上主造化。當初，是我所作的決定賜給了我天上人間一切的權能。我唯一能給你的禮物，就是幫你作出同樣的決定。……我是你作決定的典範。我選擇了上主，這個決定為你證明這是可以辦到的，你也能夠作出同樣的選擇。（T-5.II.9:1~3,6~7）

(8:4~5) 它與我們的念頭如此之近，我們是不可能失落它的。只需去找，我們必能找到它。

我們在前一課已經看過類似的觀點：我的生命真相就在當下，只等著我接受。同理，療癒也在當下，等著我接受而已。請記得，若想在世界**尋找**療癒，是絕對**找不到**的，唯有朝心內尋找，耶穌才能保證我們「必能找到它」。看，救恩和療癒就這麼簡單！

(9:1~2) 今天，我們不再被那些好似有病的表相所誤導。今天，我們要超越表相，進入那足以治療一切的源頭。

再說一次，耶穌並非要我們否認身體的感覺，他只希望我們不被它們誤導，同時也別過於當真。我們只需隨時提醒自己，身體只是心靈的分裂之念投射出來的一道陰影，不再像柏拉圖的「洞穴」寓言中那群囚徒那般，執迷於洞壁上的影子，而應懂得如何轉身面對洞外的真相。

(9:3~5) 非真之物與同樣非真之物兩者之間不可能有真實的差別，我們對這一道理體會得多深，成功的把握就有多大。在不真的世界裡沒有程度之分；這個信念不會比那個信念真實到哪裡去，反正都不存在。一切幻相全是虛妄的，正因為它們不是真的，才有治癒的希望。

耶穌在此繼續重申「**幻相沒有層次之分，奇蹟沒有難易之別**」的道理。不論是微微蹙眉或勃然大怒，是小小刺傷或痛不欲生，問題的起因全都一樣。不論外在經歷到什麼，都是自己內心不願面對的念頭投射出來的幻影。想一想，我們之所以不願面對，不正透露出自己根本不樂意放掉那些舊有的想法嗎？也因此，一旦我們決心面對現實，具體地求助於耶穌，意味著內心已經準備好越過世間複雜多元的**形式**層次，而僅僅著眼於所有幻相背後的同一**內涵**了。請看〈心理治療〉如此一針見血地指出，千奇百怪的疾病都是出於同一個幻覺：

> 疾病屬於神智失常的狀態，因為所有的疾病都是心病，沒有程度之別。把疾病當真的幻覺之一就是相信疾病有輕重之分，它所構成的威脅也因疾病的種類而

有大小之別。這是一切錯誤的淵藪；所有的疾病都是
一種不得已的妥協，甘願承受這一點地獄之苦。這簡
直是對真理實相的侮辱，對上主而言永遠是不可思議
的事。但是神智失常的人對此堅信不疑，因為他們早
已神智失常了。（P-2.IV.8）

我們一旦識破了小我世界的瘋狂，這一念清明便足以一舉
殲滅所有疾病的根源。

(10:1) 因此，讓我們放下所有的護身符、藥方、咒語，以及種種怪力亂神的法寶。

再說一遍，這並不是說我們生病時不可服用止痛藥，那
太不懂人間疾苦了。在我多次引用的「療癒是由恐懼中解脫」
（T-2.IV）那一節，耶穌清楚表明了立場，他不可能這麼不近
人情而非難怪力亂神的「權宜之計」，他只想幫助我們降低對
「護身符、藥方、咒語」的依賴，明白它們和療癒是兩回事；
耶穌極其溫柔地帶領我們穿過怪力亂神的迷宮，直探奇蹟的核
心，也就是從虛幻的**形式**層次邁向真理倒影的**內涵**層次。因
此，我們並不需要放棄怪力亂神的法寶，只是目的改變了，再
也不被小我誤用了而已。

(10:2~4) 靜下心來，聆聽神聖的治癒之聲，唯它能一舉治癒所有疾病，使上主之子的神智恢復清明。唯此天音能帶來治癒之效。今天，我們會聽到那唯一的天音向我們說明真相，所有

的幻相便在此告終了，平安將再度降臨於上主永恆而安寧的家園。

很明顯的，分裂之後的心靈，入駐了兩位老師，一個有害，一個有益；兩者之中，耶穌懇求我們選擇聖靈。我們若想在人間活得平安幸福，真的需要這位療癒大師。只要我們真心願意，祂必會帶領我們穿越虛幻的表相而邁入真理之境的。

(11:1) 今天，一早醒來就開始聆聽，讓祂在一日之始向我們說五分鐘的話，臨睡之前再聆聽祂五分鐘，作為一日的結束。

耶穌要我們一早醒來就想到今天的練習，準備接受聖靈的教導，充滿這樣的願心：我願意把今天的種種遭遇轉化為人生教室。在這個願心之下，世界不再是滿足我個人需求的地方，不論世上發生什麼好事或壞事，都影響不了我的決心。學習目標一旦確立，我自然不會輕易被小我蒙騙，而只會選擇真理之師——聖靈。僅憑這一念，便足以為今天一整天佈局了。耶穌在「作決定的準則」那一節給了類似的提醒：

只要能在清醒時有所覺知地採取適當的步驟，面對任何事情或境遇，你都會游刃有餘的。（T-30.I.1:5）

今天若遇到沮喪的事，別忘了提醒自己，這不過是小我存心傷害我的伎倆，但別怕，這只是人生教室的一課而已。如今，只需接受新老師的指點，這些負面經驗當下便轉為寬恕的功課。可還記得，寬恕功課最需要的莫過於儆醒？誠如

〈正文〉所述聖靈的第三課「只為上主及其天國而儆醒」（T-6. V.三），就是要我們警覺內心隱藏的攻擊念頭。如果我們由衷希望負面的經歷能轉化為寬恕的教室，就必須隨時請求新老師改換我們的眼光，重新看清自己生氣、批評或生病的原因。追到究竟，最後都逃不出同一個結論，就是我們害怕聖靈的真愛，才會製造一堆外在事件，讓自己有充分的理由否定真愛的臨在。

> 偶像豈能取代上主的地位？讓祂幫你憶起祂對你的愛吧！別讓你向自己的偶像所吟誦的絕望咒音淹沒了上主的天音。（T-29.VII.10:4~5）

放棄偶像而選擇真理是需要一段過程的：需要每天努力不懈的操練。這正是〈練習手冊〉給我們每日一課的用意所在。

(11:2) 我們唯一應作的準備，只是放下那些令人分心的雜念；你不用一個一個地放下，只需把它們當作一個東西，一放就全放了。

現在，又回到了「往內看」的主題了。這回耶穌要我們把「看」的焦點放在「令人分心的雜念」。雖然原文是以被動語態呈現，但請記住，我們若不主動將小我之念交給聖靈，聖靈是無法幫我們釋放它的。既然那些雜念出於自己的選擇，那麼，「我們唯一應作的準備」，就是對那個選擇保持警覺。要知道，判斷或受苦之念絕不會憑空出現，它們全是小我防衛機

制的一個策略，目的就是要我們固守自己的個體價值而將愛推出心外。至此，我們總算明白了，世上所有的幻相和小我的防衛機制其實是同一回事，因此才說：

(11:3~6) **它們原是同一回事。我們無需個別處理，這會耽擱了聆聽天父說話的時光。讓我們現在就聆聽祂。今天，讓我們一起來到祂的跟前。**

　　請注意，耶穌並不是說我們會親耳聽到上主發聲說話；如果我們感受到天音，只可能是上主聖愛的一個象徵形式而已。當那些「令人分心的雜念」清除殆盡，剩下的，唯有上主之愛；但聖愛的**內涵**仍然需要透過某種**形式**，我們才可能了解及領受到。

(12:1~3) **讓我們高舉自己的心靈，雙手空空且一無所執地懷著聆聽的意願，如此祈求：**

　　　　只有救恩堪稱為治療。
　　　　天父，請發言，我們便會痊癒的。

　　我們的任務僅僅是清空心中、腦中以及手中任何妨礙自己聆聽聖靈的小我之念。也就是說，我不再把問題歸咎於外在任何事物了，否則又落入怪力亂神的圈套，企圖藉助外力來解決問題。這也意味著，我不再受小我的隱瞞及偽裝所蒙蔽，懂得如何把問題帶回心內那個錯誤選擇。一旦回到那個源頭，我便會聽到天父溫柔的聲音：「你早已痊癒了。」

(12:4) 我們會感到自己被救恩溫柔地護擁著，它帶來的平安如此深沉，再也沒有幻相侵擾得了我們的心靈，我們也不再聽信它提出的任何證據。

可還記得海倫〈寧靜中甦醒〉那首小詩，開頭的措辭跟本段課文幾乎一模一樣：

平安籠罩著你，裡裡外外，無處不在；
如此光明，如此寧靜，如此深沉的平安。
你心內的寂靜
令罪與邪惡的夢境望之卻步。

——《天恩詩集／暫譯》P.73

唯有清空心中所有特殊性的念頭，才不會誤把世界當成小我存在的證明，更不會用疾病或層出不窮的問題為自己的思維方式撐腰，否認上主的真理。於是，救恩所帶來的平安成為我們心中唯一的療癒之念，平安永遠非我莫屬。

(12:5~6) 這就是我們今天要學的課程。每一小時都複誦一遍治癒的禱詞，且在每一小時之始，騰出一分鐘的光景，以寧靜與喜樂的心情聆聽天賜的答覆。

「以寧靜……的心情聆聽」，表示我已不受小我之音的騷擾，也不再自以為是，企圖在世界尋找問題的起因和解決方案。是的，只要先讓小我之念靜止下來，我便能意識到心中的療癒之念。

(12:7~8) **今天，是治癒降臨我們心中的日子。今天，是分裂結束的日子，我們會憶起自己的終極真相的。**

　　最後一句話重申了前一課的主旨——憶起我們的真實身分。所有的疾病、憂慮，以及把解決問題的希望寄託於世界，最終目的都是阻止我們憶起自己的終極身分。只要我不再聆聽小我之音，而且意識到問題和答案都存在自己心內，生命的真相便會浮現於清淨而自由的心田，至此，我的「自我」也歡欣鼓舞地和「自性」重歸一體了。

複習四

導　言

　　在前面二十課（121～140課）以及隨後的練習之間，複習四正好發揮了承先啟後的作用。由於它再度論及小我的計畫，因此我要再次簡述一遍《奇蹟課程》的思想體系。

　　上主與聖子的圓滿一體生命，原是天堂的實相。曾幾何時，聖子心中不經意地生起與上主分裂的瘋狂一念，這一念隨即引出兩種詮釋，一是小我，一是聖靈。面對這兩種可能，抉擇者選擇了小我的詮釋，只因它已經嚐到了個體性、自主性和特殊性的甜頭。抉擇者一旦選擇了分裂，聖靈的救贖思想體系便從聖子的意識中自動隱退了。

　　聖子心內渴望獨立自主的那一部分即是小我。它非常清楚，聖子一旦改變主意而放棄自己的個體生命，它便會回歸虛無。對此，小我必須未雨綢繆，精心策畫，確保聖子永遠無法改變先前的錯誤決定，於是推出一套「失心大計」，企圖瞞天

過海。試想，倘若聖子根本不知道自己擁有一個心靈，豈有改變心念的可能？為此，小我設下兩道防線，第一道防線就是杜撰一套罪咎懼的神話，讓聖子相信天人分裂乃是無法挽回的事實，他爭來的個體生命更成了謀殺天父的**罪證**；聖子自知**罪孽深重**，**深恐**上主會起死回生，轉頭報復。從此，聖子心靈淪為天人交戰之地，他若留在心內，只有死路一條。因此，小我建立起第一道防禦機制，就是一套罪咎懼和死亡的思想體系；緊接著，小我又建立了第二道防線，就是世界和身體。小我把整個世界，尤其是身體，全都變成了快樂和痛苦的來源，令聖子死心塌地認同身體，逐漸遺忘心靈的存在，以便確保小我江山永固且無後顧之憂。一言以蔽之，小我這一整套思想體系，真是瘋狂之至！

於是，聖靈只能將計就計，也編出一套「計畫」來化解小我的陰謀，讓聖子明白他在身外看到的一切，不過是內心信以為真之念的投影而已。因為聖子深信自己不僅和其他人不同，還各有一具身體，成了分裂的「最佳」佐證。在聖靈的「計畫」裡，你我來到人間只有一個共同的目標，以及共同的福祉，直接反映出天堂的一體實相。不論這具身體表現如何，或彼此如何對待，都改變不了這個事實：我們的心靈分裂之後，不只擁有同樣的罪咎懼思想體系，也享有同一個基督自性的記憶，而且只需一個寬恕便足以修正小我的分裂之念。一言以蔽之，唯有聖靈的救贖思想體系，堪稱為清明睿智。

　　現在就進入複習四。我們已經知道，在整部〈練習手冊〉裡，每個複習的「導言」都會畫龍點睛地道出隨後十課的精髓，藉以點明寬恕的過程是有本末先後的：先是熟悉基本的奇蹟理念，然後具體應用於生活中。耶穌在〈練習手冊〉的「導言」中，曾將整部練習劃分為上篇與下篇兩部分，「上篇」旨在化解小我思想體系，準備我們的心靈迎接「下篇」的正知見。本文一開始，耶穌便預告了下篇的到來。在複習四之前以及隨後而來的每一課，全都指向一個目標，即化解小我，給自己一個機會選擇聖靈，透過祂的慧眼或正見去看。換句話說，如果我們仍受制於小我的兩道防線，是不可能得此慧見的。為此，操練的重點務必放在破解小我防線，為靈性慧眼鋪路；這是覺醒之道的先決條件。

(1) 又到了複習的時刻，這回我們有意識地準備進入第二階段，學習把真理具體運用在日常生活上。今天我們要集中心力為後面的課程作準備。這是本次複習的目的，也是後面課程的目的所在。因此，我們複習最近幾課的中心思想時，所採取的形式都是為了幫我們達此目標而作的準備。

　　最有效的準備功課，莫過於寬恕了。本篇「導言」之後，照例給出十課複習，一課接一課，一天又一天地清理我們的心田，迎接正知見的來臨。

(2:1~2) 在這複習中，我們將用同一主題貫穿每天的練習，它可濃縮為一句話：

我的心靈只懷有與上主共同的想法。

短短一句話，充分反映出天堂的一體境界，直接道出上主、基督和我的真實自性乃是不可分割的一體生命。若要徹底瓦解小我的分裂信念，唯有救贖原則堪當大任，而這一原則就蘊含於這一念：「我的心靈只懷有與上主共同的想法。」當分裂的心靈只剩下與上主共有的這一念，它便成了圓滿一體境界在人間的倒影。

> 上主的天心無窮無盡，祂的聖念也無時不在，而且不受無常之苦。念頭是不生不滅的。它享有它的創造者的生命特質，無法離開他而存在。你想出來的念頭始終存於你心，正如你始終存於那想出你來的天心一樣。天心裡沒有互不相屬的部分。它內只有一個生命，永遠結合於平安之中。（T-30.III.6:4~9）

(2:3) 這句話不只是個事實，它還表達出你與天父的終極真相。

這個「事實」和「真相」一舉破解了小我整個陰謀。說到究竟，如果我們心內僅保有「與上主共同的想法」，個體生命頓失立足之地。源自一體大愛的上主聖念，正是聖靈要給我們的禮物，卻也成了小我的心頭大患。小我深恐我們接下這個禮物，千方百計讓我們對心靈敬而遠之，令我們相信自己害怕的不是愛，而是罪和咎。我們的基督身分就這樣一步一步地被小我偷天換日，無罪的聖子便如此淪落為有罪之子了。現在，我

們繼續讀下去:

(2:4~8) 天父就是根據這一念而把整個造化託給了聖子,把聖子當成他的「創造同工」。聖子得救的全面保障也全憑這一念。因為在他的心中,只有天父與他共有的意念。但是若無寬恕之助,他無法覺醒於這一念。即使如此,這一念永遠不失其真實性。

　　為了阻撓聖子意識到天堂的一體聖念,小我必須打造其他念頭來取代救贖之念。於是,罪、咎、懼以及種種不寬恕之念紛紛前來助陣,讓我們相信自己真的犯下不可原諒的罪行,理所當然應該內疚,再經過投射的扭曲,我們對自己的不寬恕心態轉眼變成他人不可寬恕的罪行。儘管如此,我們的正念心境永遠存有一體造化的記憶,而且由聖靈全力護守,祂始終耐心地等著我們回心轉意,重新憶起上主許諾我們的聖念,所以才說「天父就是根據這一念而把整個造化託給了聖子」。

　　這是生命之主對你的承諾:祂的聖子必然充滿生命,一切生命皆在他內,此外別無生命可言。(T-29.II.6:1)

(3:1) 在開始預備工作之前,得先了解一下我們設法掩飾自己缺乏真寬恕的幾種花招。

　　我們再度看到了本課程的一貫宗旨,它反覆訓練我們,讓我們充分意識到,自己為了抵制永恆臨在心內的聖靈而會使出

「幾種花招」；一旦識破這些障眼法，我們就會恍然大悟，人間所有的幻相都在演出同一戲碼。下面這段〈正文〉的引言直接從犧牲的觀念切入，讓我們看到小我各種犧牲**形式**下面隱藏的同一**內涵**，也就是「**非此即彼**」的原則，呈現於人間則是有輸有贏的心態：

> 因為錯誤只有一個，就是「一方可能受損，另一方因而獲利」的誤解。……一個錯誤，不論以何種形式呈現，永遠都只有一種修正方式。就是「沒有人受損；認為有人可能受損，乃是一種誤解」。你其實並沒有問題，雖然你認為自己問題重重。不論問題大小、複雜程度、時空背景，或任何使你認為問題與眾不同的因素如何，只要你親眼看到它們一個一個消失了，你的想法自然會改變過來。……每個問題都只是同一個錯誤，那就是沒有公正地對待上主之子，故不可能是真的。聖靈不會以輕重、大小的等級來評估各種不義之事。在祂眼中，這些特質都不存在。（T-26. II.2:5;3:1~4;4:2~5）

(3:2) 這些隱瞞伎倆既然只是幻相，我們不必受它們的表相蒙蔽，它們只是企圖掩飾不寬恕之念的防衛手段罷了。

　　無疑的，我們最不想面對的「不寬恕之念」，就是內心深藏不露的咎。這正是小我的第一道防線，它必會為第二道防線打造出許多「切身」的經驗。《奇蹟課程》可謂字字珠璣，識

貨之人自會在每一句話中挖掘出智慧的寶藏。說真的，我們只
要真正透徹了解其中一句話，便足以掌握本課程的整套思維。
比方說，如果我們讀通了這一句課文，小我的陰謀便昭然若
揭：它之所以打造出世界和身體，正是為了掩飾我們心內純屬
莫須有的「不寬恕之念」。

**(3:3) 它們故意引開你的視線，存心用自欺來取代修正，使你
錯失了修正的機會。**

可以說，這具苦樂交加的身體本身就是一套防衛機制，用
意是為了證明所有的問題和解決方法只能來自身外；連我們追
求的幸福、靈修以及疾病也是為了「引開我們的視線」。可還
記得，小我最怕的就是有朝一日我們會意識到自己的錯誤而重
新選擇救贖，因而打造出雙重防護，切斷「修正錯誤」的可能
性，將我們的視線引到非心之物（即身體）上。我們一旦失去
心靈的覺知，便和正念之心徹底絕緣了。為此，耶穌在下面的
引言一邊叮囑我們正視心靈的能力，一邊揭露小我存心貶低心
靈的伎倆：

> 你的思維能夠將你導入這一地步〔接受小我的謊
> 言〕，因它有此能力；你的思維也能將你由此境救拔
> 出來，因為這能力不是來自你自己。你的思維本身也
> 具有選擇思維方向的能力。你若不相信自己有此能
> 力，表示你已否定了自己思維的大能，寧可相信自己
> 的思維一無所能。

　　小我為了自保，可說無所不用其極，它的種種本事都
是出自小我一直想要否定的心靈能力。這表示，小我
攻擊的竟是自己的保身之道，……小我所賴以生存
的，竟是徹底威脅它存在之物。由於它不敢面對這一
威脅，故不得不設法貶抑它的力量。……因此小我設
法要把你的心靈捲入它那精神錯亂的思想體系內，以
免你一旦明白了真相，小我便會被光明驅逐。（T-7.
VI.2:5~3:2,5~6;8:5）

**(4:1~2) 然而，你的心靈只懷有與上主共同的想法。你的自欺
取代不了真相。**

　　縱然罪咎懼的夢境或世間自欺欺人的戲碼上演得如火如
荼，真理實相卻絲毫不受影響。耶穌在〈正文〉中常把罪咎比
擬為一團烏雲、一抹輕煙，或一片薄弱的面紗，絲毫沒有遮蔽
光明的能耐。我們之前引用過一段引言，描述罪咎的脆弱不
堪，不妨再次引用其中的一小段：

　　你很難看出罪咎薄弱與透明的一面，除非你著眼於它
　　後面的光明，你才可能看清罪咎不過是懸在光明之前
　　的一片輕薄面紗而已。（T-18.IX.5:3~4）

　　耶穌接著用另一意象來傳遞同樣的觀念：

**(4:3) 這好比小孩投在大海裡的一根樹枝，絲毫改變不了潮汐
的往返，也改變不了陽光灼熱的水溫以及夜間照在海面的銀色**

月光。

　　小我有如一個揮舞著樹枝的小孩，企圖阻止不可能改變的真相，然而，那豈會產生任何結果？〈正文〉也曾把小我比擬為在宇宙角落咆哮的小老鼠，意圖改變整個宇宙或博取他人的注意（T-21.VII.3:11）。再看看「小小的花園」這一節，更是把小我描繪得如此微不足道，以至於上主（太陽或海洋）根本意識不到它的存在：

> 你若懂得欣賞心靈的整體，便不難看出，你心靈中微不足道的那一部分，有如太陽的一線微光，又如海面的一絲漣漪。這一線微光開始自命為太陽，那小得難以辨識的漣漪竟自詡為海洋，真是狂傲得不可思議。……然而，太陽和海洋作夢都想不到居然有這般怪誕而荒謬的反應。（T-18.VIII.3:3~4;4:1）

(4:4) 因此，我們要在本複習的練習之初，備妥我們的心田，它才可能了解我們所讀的課文，認出這些練習的宗旨所在。

　　在「練習之初」的首要之務，乃是意識到自己內心其實非常抵制「我的心靈只懷有與上主共同的想法」這句話。難怪《奇蹟課程》不斷將我們拉回這一基本原則：呼求聖靈的目的，是請祂陪伴我們正視小我的種種自保伎倆。要知道，始終臨在人心內的愛從來不是問題，問題出在我們深恐那個愛會摧毀自己的獨立自主性。我們真的需要好好正視一下，自己為了保住

這個與眾不同的我而在人間演出種種的荒唐戲。可以說，我們之所以對人間戲碼如此當真，只因對自己的特殊性十分當真。

(5:1~2) 每一天之始，你都拿出一點時間來預備自己的心田，在自由平安的氣氛中體會每個複習的觀念所帶給你的訊息。打開你的心扉，清除所有自欺的念頭，……

也就是說，我們每天的功課就是打開心扉，把小我的幻覺帶入耶穌的真理內，警覺何事何物令自己焦慮、沮喪、憤怒、興奮甚至狂喜；不論它們帶來的是快樂或痛苦，我們都認為它們決定了自己這一生的幸福。「所有自欺的念頭」都是小我刻意設計出來的，目的是讓我們遠離自己早已封閉的心靈，如此一來，也就遠離了始終在心內等候我們回歸的真理實相。那麼，如何才能重啟心靈而一睹真相？還是那句老話：坦誠將那些妄念交給耶穌，請他陪伴我們正視小我的花招，然後捨它們而去。

(5:2~4) ……清除所有自欺的念頭，只讓這一念徹底發揮它的大用：

　　　　我的心靈只懷有與上主共同的想法。

你只需沉浸在這一念中五分鐘，便能把這一天帶回上主指定的正軌，讓天心來調整你今天所起的一切念頭。

只要我們不再那麼看重小我的念頭，剩下的，自然只有聖靈之念。也因此，我們無需在聖靈之念大作文章，而應好好照

料自己的起心動念。這就是耶穌在〈正文〉中一再提到的「儆醒」之深意：

> 你若真想牢牢記住聖靈賜你的一切禮物，唯有一途，即是只為上主及他的天國而儆醒。你若難以接受這一說法，理由只有一個，你可能認為還有其他東西值得你追求。除非你的信念自相矛盾，否則你何需儆醒戒備？衝突生起時，表示那矛盾因素已使心靈陷於戰爭了，儆醒才會變得如此重要。活在平安中的人沒有儆醒的必要。唯有不真實的信念才需要小心戒備，若非你已相信了非真之事，聖靈豈會提醒你儆醒的必要。當你一相信某物，它對你就變得真實無比。（T-7. VI.7:1~7）

總之，「只為上主及其天國而儆醒」（T-6.V. 三）的真諦乃是「對小我保持儆醒」，隨時記得把自己老是選擇分裂及特殊性的錯誤帶到救贖中；唯有救贖，方能反映出我們與上主共具的創造聖念。

(6) 這些念頭絕非單獨出於你的，因為它們全是你與上主共有之念。因此，每一念都會帶給你聖愛的訊息，再將你的愛的訊息帶回祂那兒去。就這樣，你已承行了上主的旨意，與眾神之神融為一體了。身為祂的圓滿的你，一旦與祂結合，祂也就與你結合了；當你與祂結合，祂也與你結合，你的生命便已重歸完整。

這段話再次生動地描述出基督自性的一體真相。不只基督自性一體不分，祂和生命之源更是同一生命。句中使用了《聖經》詞彙「眾神之神」，象徵著上主和基督的整體（Godhead）。有一點值得注意，耶穌在其他地方都把焦點放在我們和弟兄的一體性，要我們透過寬恕而憶起我們在天堂共享的一體生命；只有在這個複習中，他卻要我們把焦點直接放在自己和上主的一體性。

本複習所鋪陳的次第十分清晰：首先得意識到不斷在自己心中作祟的小我之念，然後請耶穌陪伴我們一起正視這些干擾，直到那些黑暗的雜念在耶穌的光明中遁形，只剩下「我與上主共同的想法」為止。心態調適妥當之後，耶穌開始具體指示我們該如何操練接下來的十課，每天複習兩課：

(7:1~5) 當你備妥這一心態之後，你只需誦念當天指定的兩個複習觀念。然後，閉起眼睛慢慢地向自己讀出來。記住，要念得從容不迫，因你已把時間用在它原本的目的上了。讓每個字都溢出上主所賦予的意義，好似祂的天音親自向你訴說一般。願當天所複習的觀念帶給你祂為你備妥的禮物，也就是祂自己。

我們之所以聽不到上主的天音，只因小我刺耳的叫囂；只要「令人分心的雜念」再也干擾不了我們時，上主聖言便會在快樂的心靈中閃閃發光。我們若真能把罪咎懼及判斷之念帶入聖靈的寬恕光明內，複習四的每一句課文都好似在宣告黑暗的

終結。於是，每一個練習都成了當天的快樂時光，與天堂的喜悅相互輝映。當聖靈給我們的勸勉變成了上主聖言時，表示我們已經安返家園了。

(7:6~8:2) 因此，我們的練習只採取下面這一種形式：

在這一天，每小時都回想一下你在一天之始所複習的那一主題，並且靜靜地沉思一會兒。然後從容不迫地複誦當天的兩個觀念，給自己充分的時間去看看它們為你帶來的禮物，然後在它們指定之處接收下來。

這是耶穌對我們的明確要求，把這一整天的生活都統合在當天的兩個觀念之下，我們珍愛的特殊性及分裂之念便能透過寬恕轉化為愛。這就是耶穌要與我們交換的禮物。他一直把這份愛保存在我們心內，遺憾的是，我們卻老是想盡辦法迴避它，愛也只能靜靜地等候我們返回。現在，我要再引用一段〈正文〉，文中字字句句洋溢著愛，這正是耶穌要給我們的禮物，願它能夠融入我們隨後幾天的冥想中：

> 你是這般的神聖，怎麼可能受苦？過去的一切，除了美好部分以外，全都過去了，留給你的只是祝福。我為你保存了你所有的善良以及每一個慈心善念。我會為你淨化所有令它們蒙塵的過失，為你保存它們原有的無瑕光輝。沒有一物能夠摧毀得了它們，連罪咎都難以得逞。它們全都出自你內的聖靈，而且我們也

知道，凡是上主創造的必然永恆長存。你大可放心地
啟程，因為我如此愛著你，如同愛自己一般。你會懷
著我的祝福前進，同時將此祝福帶給別人。只要你接
下祝福，並且分享祝福，它就永遠成為我們的了。我
將上主的平安置於你心中和手裡，你才可能擁有，且
與人分享。只有純潔的心才能擁有它，只有堅強的手
才能分享它。我們永遠不會失敗的。我的判斷和上主
的智慧一般強而有力，我們的實存生命就在祂的聖心
及慈掌中。活得心安理得的孩子，就是受祂祝福的聖
子。上主的聖念始終與你同在。（T-5.IV.8）

(9) 我們不再添加其他的觀點，就讓這兩個觀念成為今天的訊
息。這一訊息足以帶給我們幸福與安息，還有無邊的寧靜，全
然的肯定，以及天父願我們由祂那兒承繼的產業。每天結束的
複習與一早開始的練習方式一樣，先複誦一遍使這一天特別充
滿了祝福與幸福的主題；因著我們忠實的練習，黑暗的世界會
重見光明，苦惱轉為喜悅，痛苦轉為平安，連罪過都會恢復神
聖。

　　耶穌期望我們每一天都籠罩在寬恕之中，從寬恕之念中開
始一天，又在同一念中結束一天，隨時隨地將內心的恐懼、罪
咎及痛苦之念欣然置於當天操練的寬恕光明中，慢慢轉化為喜
樂、平安和療癒之念。這讓我想起了勞倫斯（D.H.Lawrence）
的不朽之作《虹》，當湯姆和莉蒂亞修復了搖搖欲墜的婚姻關

係後，他們的女兒安娜才能在愛的呵護下安心成長。父母的愛和力量有如拱門的兩大支柱，架起一道彩虹，為安娜撐起了一片天：

> 在他們之間，安娜的心已完全定下來，她看看這個又看看那個。她看到他們的新關係已確保了她的安全，她終於自由了。她在那火柱和雲柱之間遊玩著，滿懷信心，無論是左邊的情況還是右邊的情況都讓她十分安心。她再也不需要使出稚子的力量撐住隨時都可能坍塌的拱門了。如今，她的父親和母親已在天穹兩邊為她架起一片天，她這個孩子可以在下面這廣闊的空間遊玩了。

同樣的，耶穌也希望我們用寬恕和愛這兩大支柱，架起自己的每一天，在這寧靜而有力的彩虹下，讓我們的現實生活和學習過程得到滋養而茁壯，那麼，「黑暗的世界會重見光明，苦惱轉為喜悅，痛苦轉為平安，連罪過都會恢復神聖」。

(10) 上主感謝你如此地練習，信守祂的聖言。睡前，不妨再讓心靈回到當天的主題上，你便能安息於祂的感恩中，永享平安的恩典；此刻，你已經開始學習領回你的天賦產業了。

最後，我要引用一段美妙的〈正文〉來結束複習四的「導言」，也為隨後而來的十天複習暖身。它為我們重述了上主的聖愛以及祂的感激之情，因為我們願意打開心扉，接受祂所恩

賜的圓滿生命，也就是我們的自性。

　　上主由衷感謝接待祂的這一神聖居所，使祂得以進入
　　且安住於祂一心想要臨在之處。因著你的歡迎，上主
　　才能歡迎你進入祂的生命，活在你內的那一位，也因
　　而在歡迎祂之際回歸了上主。我們歡迎上主進入自己
　　的生命，等於是在慶祝祂的圓滿生命。凡是接受天父
　　的人，已與祂合一而成了造物主的居所。凡是歡迎上
　　主之人，必會憶起自己的天父；因著天父的臨在，他
　　們開始憶起自己擁有的唯一關係，也是渴望已久的關
　　係。（T-15.XI.9）

第一百四十一課

我的心靈只懷有與上主共同的想法

(121) 寬恕是幸福的關鍵。

(122) 寬恕會給我想要的一切。

第一百四十二課

我的心靈只懷有與上主共同的想法

(123) 感謝天父賜我的禮物。

(124) 願我記得自己與上主是一體的。

第一百四十三課

我的心靈只懷有與上主共同的想法

(125) 今天我要靜靜地接受上主之言。

(126) 我所給的一切，都是給我自己的。

第一百四十四課

我的心靈只懷有與上主共同的想法

(127) 除了上主的愛以外，沒有其他的愛存在。

(128) 眼前的世界沒有我真正想要的東西。

第一百四十五課

我的心靈只懷有與上主共同的想法

(129) 我所渴望的世界，超乎塵世之上。

(130) 我不可能同時看見兩個世界。

第一百四十六課

我的心靈只懷有與上主共同的想法

(131) 尋求真理的人，絕不會徒勞無功。

(132) 我要把世界由我所認定的模樣中釋放出來。

第一百四十七課

我的心靈只懷有與上主共同的想法

(133) 我不再重視毫無價值之物。

(134) 願我看清寬恕的真相。

第一百四十八課

我的心靈只懷有與上主共同的想法

(135) 自我防衛表示我受到了攻擊。

(136) 生病乃是抵制真相的防衛措施。

第一百四十九課

我的心靈只懷有與上主共同的想法

(137) 當我痊癒時，我不是獨自痊癒的。

(138) 天堂是我必然的選擇。

第一百五十課

我的心靈只懷有與上主共同的想法

(139) 我願親自接受救贖。

(140) 只有救恩堪稱為治療。

奇蹟資訊中心
出版系列：

《奇蹟課程》
（A Course in Miracles）──新譯本

《奇蹟課程》是二十一世紀的心靈學寶典，更是近年來各種心理工作坊或勵志學派的靈感泉源。中文版已在 1999 年由若水譯出，並由作者海倫・舒曼博士所委託的「心靈平安基金會」出版。

新譯本乃是根據「心靈平安基金會」2007年所出版的「全集」，也是原譯者若水在「教」「學」本課程十年之後再次出發的精心譯作。全書分為三冊：第一冊：〈正文〉；第二冊：〈學員練習手冊〉；第三冊：〈教師指南〉、〈詞彙解析〉以及〈補編〉的「心理治療」與「頌禱」二文。新譯本網羅了《奇蹟課程》所有的正式文獻，使奇蹟讀者從此再無滄海遺珠之憾。（**全書三冊長達 1385 頁**）

《奇蹟課程》
〈學員練習手冊〉新譯本隨身卡

《奇蹟課程》第二冊〈學員練習手冊〉共三百六十五課，一日一課地，在力求具體的操練中，轉變讀者看事情的眼光，解開鬱積的心結。

若水由十餘年的奇蹟課程教學譯審經驗出發，全面重譯這部曠世經典。新譯版一本經典原文的精確度，語意更為清晰，文句更加流暢。精煉再三的新譯文，吟誦之，琅琅上口，饒富深意，猶如親聆J兄溫柔明晰的論述，每天化解一個心結，同享奇蹟。

為方便現代人在忙碌生活中操練每日一課，經三修三校的重譯版，首度以隨身卡形式發行，以頂級銅西卡精印，紙版尺寸 8.5 × 12.6 公分，另有壓克力卡片座供選購。（**全套卡片共 250 張**）

奇蹟課程導讀與教學系列

《奇蹟課程》雖是一部自修性的課程，只因它的理論架構博大精深，讀者常易斷章取義而錯失精髓，故奇蹟資訊中心陸續推出若水的導讀系列、米勒導讀，以及一階理論基礎及二階自我療癒DVD、其他演講錄音或錄影教材，幫助讀者逐漸深入這部自成一家之言的思想體系。

若水導讀系列

(一)《創造奇蹟的課程》（**全書 272 頁**）
(二)《生命的另類對話》（**全書 272 頁**）
(三)《從佛陀到耶穌》（**全書 224 頁**）

若水在這三冊中，解說《奇蹟課程》的來龍去脈與理論架構，透過問答的形式，說明崇高的寬恕理念如何落實於生活中；最後透過《奇蹟課程》的理念，闡釋佛陀和耶穌這兩位東西方信仰系統的象徵，在實相裡並無境界之別，而只有人心的「小我分裂」與「大我一體」的天壤之隔。

米勒導讀

《奇蹟半生緣》

一位慧心獨具卻不得志的記者，三十多歲便受盡「慢性疲勞症候群」的折磨，群醫束手無策，他在走投無路之下，不禁自問：「究竟是誰把我這一生搞得這麼慘？」

《奇蹟課程》讓他看到，自己竟是一切問題的始作俑者。他對這一答覆百般抗拒，直到有位心理治療師對他說：「恭喜你！你若讀下這本書，大概就不需要心理治療了！」

《奇蹟半生緣》全書穿插作者派屈克・米勒浮沉人生苦海的經歷，但他並不因此獨尊自身的經驗和詮釋，而以記者客觀實証的精神，遍訪散居全美各地的奇蹟講師與學員，甚至傾聽圈外人的質疑。本書可說是一部美國奇蹟團體的成長紀實。（**全書 319 頁**）

奇蹟課程有聲教學教材

奇蹟資訊中心歷年發行《奇蹟課程》譯者若水的演講錄音或錄影光碟，將《奇蹟課

程》的抽象理念與現實生活銜接起來，幫助讀者了解《奇蹟課程》的精髓所在，是奇蹟學員不可或缺的有聲輔讀教材，由於教材內容每年不盡相同，欲知詳情，請上網查詢。

www.acimtaiwan.info 奇蹟課程中文網站
www.qikc.org 奇蹟課程中文部簡体網

肯恩實修系列

《奇蹟原則50》

許多讀者久仰《奇蹟課程》之盛名，興沖沖地讀完短短的導論後，就怔忡在一條一條有如天書的「奇蹟原則」之前。讀了後句忘前句，「奇蹟」的概念好似漂浮在字裡行間，始終無法在腦海中落腳，以至於閱讀了一兩頁之後便後繼無力，難以終篇，竟至棄書而逃。

「奇蹟原則」前後五十條，其實是整部課程的濃縮，若無明師指點，讀者通常都不得其門而入。於今多虧奇蹟泰斗肯尼斯旁徵博引，以深入淺出而又幽默的答問形式，將寬恕與奇蹟的精神落實於生活中，為初學者乃至資深學員提供了一個實修的指標。（全書209頁）

《終結對愛的抗拒》

追尋心靈成長的人，學到某個階段往往面臨一個瓶頸：儘管修習多年，一遇到某種挑戰，就不自覺地掉回原地，因而自責不已。問題到底出在哪裡？

佛洛依德在他的臨床經驗中，驚異地發現，病人的潛意識中有「拒絕療癒」的本能，肯尼斯根據《奇蹟課程》的觀點，犀利地剖析人們「拒絕療癒或轉變」的原因，又仁慈地為讀者指出穿越小我迷霧的方向，由停滯不前的窘境中突圍。對於追尋心靈成長和平安的人而言，本書不但有提點指授的功效，更有當頭棒喝的力道。（全書109頁）

《親子關係》

坊間論及親子問題的書籍可謂汗牛充棟，泰半繞在親子關係複雜且微妙的糾結情懷，唯獨肯尼斯‧霍布尼克不受表象所惑，借用《奇蹟課程》的透視鏡，澈照出親子之間愛恨交織的真正關鍵。

本書表面上好似在答覆「如何教養子女」、「如何對待成年子女」以及「如何照顧年邁雙親」等具體問題，它其實是為每一個人點出我們在由「身為兒女」，到「照顧兒女」，繼而「照顧雙親」的艱苦過程，以及我們轉變知見時必然經歷的脫胎換骨之痛。（全書238頁）

《性‧金錢‧暴食症》

在紛紜萬象的世界裡，性、金錢與食物可說是人生問題的「重頭戲」，最易牽動小我的防衛機制，故也最具爭議性。作者肯恩沿用《奇蹟課程》中「形式與內涵」的層次觀念，針對性、金錢等等所引發的光怪陸離現象（形式），揭露它們背後一貫的目的（內涵）——小我企圖藉無止盡的生理需求，抹滅心靈的存在，加深孤立、匱乏、分裂等受害感，最後連吃飯、賺錢與性交都可能變成一種攻擊的武器。

肯恩與學員的趣味問答，反映出我們日常是如何受制於這些生理需求的；然而，我們也能藉聖靈之助，將現實挑戰化為人生教室，將小我怨天尤人的陰謀，轉為寬恕與結合的工具。（全書196頁）

《仁慈——療癒的力量》

這是一部針對奇蹟教師及資深奇蹟學員的實修指南。全書分上下兩篇，上篇列舉奇蹟學員常有的現象，例如以奇蹟之名攻擊他人，或以善意為由掩蓋自己批判的心態；下篇探討如何用仁慈的眼光來看待自己與他人的缺陷，教我們將自身的限制或缺陷轉為此生的「特殊任務」，在人間活出寬恕的見證，成為聖靈推恩的管道。（全書251頁）

《逃避真愛》

本書是針對道理全懂卻難以突破的資深學員而寫的，它一針見血地指出，綑綁我們修行腳步的，不是世界的黑暗，也非人間的牽絆，而是自己打造出來的一道心牆。

只因我們深怕真愛會消融了自己的特殊性，故把心靈最深的渴望隱藏到心牆之後，與之「解離」，在人間展開一場虛虛實實又自相矛盾的追尋。一邊痛恨小我的束縛，一邊又忙著為小我說項；以至於內心有一部分奮力向前，另一部分則寧可原地觀望。藉著裝傻、扭曲、辯駁，把回歸真愛的單純選擇

渲染成複雜又艱深的學問。

《逃避真愛》溫柔地解除了人心無需有的恐懼，讓我們明白心牆的「不必要」，陪伴我們無咎無懼地跨越過去。（全書156頁）

《假如二二得五》

從古至今，多少人心懷救苦救難的大志，傾注一生之力貫徹自身理想，卻往往受現實所困而終不能及。我們這些凡夫俗子，亦不乏拼搏自救之心，然而在現實面前，還是屢屢敗陣，活得憋屈而無奈。問題究竟出在哪裡？

對此，本書剴切提出：整個世界其實一直按照 2＋2＝4 的「鐵律」來運作，萬物循著固定的軌跡盈虧盛衰，一切可謂「命中註定」，無怪乎歷史上的種種救世之舉皆以失敗告終。然而，《奇蹟課程》識破世界的詭計，小我既然使出 2＋2＝4 的苦肉計，它便祭出 2＋2＝5 的救贖原則，破解小我編織的羅網，溫柔地引領我們走出世界的幻境。本書即是教導我們，如何在貌似 2＋2＝4 的世界活出 2＋2＝5 的生命氣象，而且更進一步，迎向天地間唯一真實的等式 1＋1＝1。（全書171頁）

《駱駝‧獅子‧小孩》

本書書名出自德國哲學家尼采的代表作《查拉圖斯特拉如是說》裡的「三段蛻變」——駱駝、獅子、小孩。這則寓言提綱挈領地勾勒出靈性的發展過程，尼采的幾項重要論點，包括強力意志、超人、永劫輪迴，也在肯恩博士精闢的詮釋之下，與奇蹟學員熟悉的抉擇心靈、資深上主之師、小我運作模式等觀念相映成趣。

肯恩博士為奇蹟學員引薦這位十九世紀天才的作品，企盼在大家為了化解分裂與特殊性而陷入苦戰之際，可以由這本書得到鼓舞和啟發。我們終將明白，唯有「一小步又一小步」的前進，從駱駝變成獅子，再進一步蛻變為小孩，不跳過任何一個階段，才能抵達最後的目標。（全書177頁）

肯恩《奇蹟課程釋義》系列

《奇蹟課程序言行旅》

如果說《奇蹟課程》是一首曠世交響曲，《序言》便奠定了整首樂曲的氣質與基調，不僅鋪敘出奇蹟交響樂的關鍵理念，還將讀者提昇到奇蹟形上思想的高度和意境，堪稱《正文行旅》最佳的暖身之作。

肯恩有如一流的樂評家，領著讀者，在宏觀處，領受樂章磅礡的主旋律，在微觀處，諦聽暗藏其中的千百種變奏，致其廣大，盡其精微，深入課程之堂奧，回歸心靈之家園。（全書121頁）

《正文行旅》（陸續出版中）

《奇蹟課程》在人類靈性進化史上的貢獻可謂史無前例，而《正文行旅》乃是《奇蹟課程釋義》三部曲的完結篇。肯恩由文學，詩體，音樂三重角度，依循各章節的主題，提供了「重點式」以及「全面性」的導覽，幫助學員深入奇蹟三昧，沉浸於智慧與慈悲之海。

這部行旅可說是肯恩一生教學的智慧結晶，奇蹟學員浸潤日久，必會如他所願：奇蹟，發自心靈，必將流向心靈。（第一冊335頁，第二冊314頁）

《學員練習手冊行旅》（陸續出版中）

整套《奇蹟課程釋義》的問世，可說是無心插柳。1998年起，肯恩應學生之請，為〈學員練習手冊〉做了一系列的講解，基金會將研讀錄音增編彙整為逐句詮釋的〈練習手冊行旅〉。此案既定，〈正文行旅〉以及〈教師指南行旅〉應運而生，為奇蹟學員提供了最完整且精闢的修行指針，訂名為《奇蹟課程釋義》，幫助學員將〈正文〉理念架構所引伸出來的教誨，運用到現實生活中。這三部《行旅》，可說是所有踏上奇蹟旅程的學員最貼心的夥伴。

《學員練習手冊行旅》的宗旨，乃是幫助奇蹟學員了解三百六十五課的深意，以及它們在整部課程中的作用。更重要的是，幫助學員將每日一課運用於現實生活中，否則《奇蹟課程》那些震古鑠今之言可謂枉費唇舌，徒然淪為一套了無生命的學說。（第一冊346頁，第二冊292頁，第三冊234頁，第四冊337頁，第五冊289頁，第六冊289頁）

《教師指南行旅》
（共二冊，含《詞彙解析行旅》）

〈教師指南〉是《奇蹟課程》三部書的最後一部，它以「如何才是上主之師」為主軸，提綱挈領地梳理出〈正文〉的核心觀念，全書以提問的形式鋪敘而成，為其他兩部書作了最實用的補充。

肯恩在逐句解說〈教師指南〉時，環繞著兩個主題：「個別利益」對照「共同福祉」，以及「向聖靈求助」。因為若不懂得向聖靈求助，我們根本學不會「共享福祉」這門功課。當然，全書也穿插不少副題，如「形式與內涵」、「放下判斷」等等，就像貝多芬的偉大樂章那樣，不時編入數小節旋律，讓主題曲與變奏曲銜接得更加天衣無縫。肯恩說：「我希望藉由本書讓學員看出，耶穌是如何高明地把他的基本訊息串連為一個整體，一如交響樂以主旋律與變奏曲那般交叉呈現、迴旋反覆地將我們領上心靈的旅程。」（第一冊337頁，第二冊310頁）

其他出版品

《寬恕十二招》

《寬恕十二招》的作者保羅‧費里尼，有鑒於人們的想法與情緒反應模式，早已定型僵化，成了一種「癮」，不是一朝一夕可以化解得掉。因此，他將《奇蹟課程》的寬恕理念，分解為十二步驟，一步一步地引導我們超越自卑、自責以及過去的創痛，透過自我寬恕而領受天地的大愛。這是所有準備好負起自我治癒之責的人必讀的靈修教材，也是曠世靈修經典《奇蹟課程》的輔讀書籍。（全書110頁）

《無條件的愛》

作者保羅‧費里尼繼《寬恕十二招》之後，另以老莊的散文筆法，細細描述我們每一個人心中都擁有的「無條件的愛」。他由大我的心境出發，以第一人稱的對話方式，直接與讀者進行心與心的交流，喚醒我們心中沉睡已久的愛，開啟那被遺忘的智慧。此書充滿了「醒人」的能量，是陪伴你走過人生挑戰的最好伙伴。（全書215頁）

《告別娑婆》

宇宙從哪兒來的？目的何在？我究竟是什麼？為什麼會在這裡？我要往哪裡去？我該怎麼活在這個世界裡？當你讀完本書，會有一種「千年暗室，一燈即亮」的領悟。

全書以睿智而風趣的對話談當今世局、原子彈爆炸，一直談到真愛、疾病、電視新聞、性問題與股價指數等等，讓我們對複雜詭異的人生百態，頓時生出「原來如此」的會心一笑。它說的雖全是真理，讀起來卻像讀小說一樣精彩有趣，難怪一問世便成了西方出版界的新寵。（全書527頁）

《一念之轉》

作者拜倫‧凱蒂曾受十餘年的憂鬱症所苦，一天早上，她突然覺悟了痛苦是如何形成又如何結束的。由此經驗中，她發明了四句問話的「轉念作業」（The Work），引導你由作繭自縛中徹底脫身，是一本足以扭轉你人生的好書。（全書448頁，附贈轉念作業個案VCD）

《斷輪迴》 阿頓與白莎回來了！

繼《告別娑婆》走紅之後，葛瑞的生活形態發生重大的轉變，也面臨了更多的挑戰。葛瑞仍是口無遮攔地談八卦、論是非、臧否名流，阿頓和白莎兩位上師在笑談棒喝中，繼續指點葛瑞如何在現實挑戰下發揮真寬恕的化解（undo）功能，徹底瓦解我執，切斷輪迴之根。（全書304頁）

《人生畢業禮》

本書是保羅與Raj在1991年的對話記錄。對話日期雖有先後，內涵卻處處玄機，不論由哪一篇起讀，都會將你導入人類意識覺醒的洪流。

Raj借用保羅的處境，提醒所有在人間孤軍奮鬥的人，唯有放下自己打造的防衛措施，才可能在自己的心靈內找到那位愛的導師。也唯有從這個核心出發，我們才會與所有弟兄相通，悟出我們其實是一個生命。（全書288頁）

《療癒之鄉》

《療癒之鄉》中文版由美國「獅子心基金會」委託台灣「奇蹟資訊中心」出版。

作者羅賓‧葛薩姜把《奇蹟課程》深奧又慈悲的教誨化為一套具體的情緒啟蒙和心靈復健課程，協助犯罪和毒癮的獄友破除

心理障礙，學習處理人與人之間的衝突，調整情緒，建立自信，切斷「憤怒→攻擊→憤怒」的惡性循環。《療癒之鄉》陪伴無數受刑人度過獄中歲月。

《療癒之鄉》也是為所有困在自己心牢裡的讀者而寫的。世間幾乎沒有一人不曾經歷童年的創傷、外境的壓迫，以及為了生存而形成種種不健康的自衛模式。獄友的心路歷程給予我們極大的啟發，鼓舞我們步上心靈療癒之路。（全書 440 頁）

《我要活下去》

這本書不只是一本鼓舞信心的療癒指南，還是一個女人把自己從鬼門關前拉回來的真實故事。

作者朱蒂．艾倫博士（Judy Edwards Allen, Ph.D.）原本是成功的專業顧問、大學教授、大學教科書作者，四十歲那年獲知罹患乳癌的「噩耗」，反而成為她生命的轉捩點，以清晰、熱情的文筆，記錄了她奮力將原始的求生意念成功地轉化為「康復五部曲」的歷程。讀者會看到她如何軟硬兼施地與醫生打交道，如何背水一戰克服無助感，又如何透過寬恕，喚醒內心沉睡已久的愛與生命力。最後，她終於超越自己對生死的執著，在這一場疾病與療癒的拔河大賽中，獲得了靈性的凱旋。（全書 280 頁）

《時間大幻劇》

人們對於時間，存在著種種截然不同的看法，比如：時間是良藥，可以癒合一切創傷；善惡終有報，只等時候到；時間是無情的殺手，終將剝奪我們的一切……。人類早已視時間的存在為天經地義，戰戰兢兢地活在過去的懊悔、現在的焦慮和對未來的恐懼中。我們好似活在一座無形的牢籠裡，苟延殘喘，等待大限的到來。

《奇蹟課程》的泰斗肯恩博士曾說：「不了解時間，不可能讀懂《奇蹟課程》的。」他引經據典，將散落全書有關時間的解說，梳理出一個完整的思想座標，猶如點睛之龍，又如劃破文字叢林的一道靈光，讓我們一窺《奇蹟課程》的究竟堂奧（究竟義）。此書可說是肯恩留給奇蹟資深學員最珍貴的禮物。（全書413頁）

《奇蹟課程誕生》

《奇蹟課程》的來歷究竟有何玄虛？為什麼它選擇經由海倫．舒曼博士來到人間？它的記錄方式及成書過程，與它傳給人類的訊息有何內在關係？有幸親炙此書的我們，又該如何延續奇蹟精神的傳承？

不論你只是好奇《奇蹟課程》的精采傳奇，還是有心以「史」為鑒，窮究奇蹟的傳承精神，本書都提供了最可靠的第一手資料。作者因與茱麗、海倫與比爾等人交往密切，故受這些開山元老之託，冷靜而客觀地梳理《奇蹟課程》的記錄及成書經過，佐以三位奇蹟元老的親筆自白，融鑄成一部信實可徵的《奇蹟課程》誕生史，帶領讀者重新走過五十年前那段精采神奇的心靈歷程。（全書195頁）

《飛越死亡的夢境》

本書榮獲美國出版界著名的「活在當下書籍獎」（Living Now Book Awards），全書以嶄新的視角詮釋曠世靈修經典《奇蹟課程》的教誨，為讀者剴切指出「起死回生」的著力點。

作者特別選取在人間每個角落不時作祟的「死亡陰影」入手，揭露小我抵制永恆生命的伎倆。作者以親身的經歷為奇蹟作證，並且提供了極其實用的反省練習，解除我們潛意識中對死亡的恐懼，為百害不侵的生命本質開啟了一扇門，真愛與喜悅得以流過人間，讓奇蹟成為日常生活裡「最自然的事」。（全書524頁）

國家圖書館出版品預行編目資料

奇蹟課程釋義：學員練習手冊行旅. 第六冊（134-150
課）／肯尼斯‧霍布尼克博士（Kenneth Wapnick,
Ph.D.）著；若水譯 -- 初版 -- 臺中市：奇蹟課程有限
公司奇蹟資訊中心，2022.7
　　面；　　公分
　譯自：Journey through the workbook of a course in
miracles: the study and practice of the 365 lessons
　ISBN 978-626-96278-0-6（平裝）

　1. CST: 靈修

192.1　　　　　　　　　　　　　　　　111009469

奇蹟課程釋義
學員練習手冊行旅　第六冊

作　　者　肯尼斯‧霍布尼克博士（Kenneth Wapnick, Ph.D.）
譯　　者　若 水
責任編輯　李安生
校　　對　李安生　黃真真　吳曼慈　蔡佩蓁
封面設計　林春成
美術編輯　陳瑜安工作室
出　　版　奇蹟課程有限公司‧奇蹟資訊中心
　　　　　台中市潭子區福潭路143巷28弄7號
聯絡電話　（04）2536-4991
劃撥訂購帳號　19362531　戶名　劉巧玲
網　　址　www.acimtaiwan.info
電子信箱　acimtaiwan@gmail.com

印　　刷　世和印製企業（02）2223-3866
經銷代理　聯合發行公司
　　　　　電話（02）2917-8022＃162
　　　　　　　（03）212-8000＃335

定　價　新台幣 320 元
出版日期　2022 年 7 月初版

ISBN　978-626-96278-0-6